Marcell Engel

DIE 7 PRINZIPIEN DES TATORTREINIGERS

Geschichten über Mord, Gewalt, Liebe und Hoffnung

riva

Bibliografische Information der Deutschen Nationalbibliothek
Die Deutsche Nationalbibliothek verzeichnet diese Publikation in der Deutschen Nationalbibliografie. Detaillierte bibliografische Daten sind im Internet über http://dnb.d-nb.de abrufbar.

Für Fragen und Anregungen
info@rivaverlag.de

Wichtiger Hinweis
Ausschließlich zum Zweck der besseren Lesbarkeit wurde auf eine genderspezifische Schreibweise sowie eine Mehrfachbezeichnung verzichtet. Alle personenbezogenen Bezeichnungen sind somit geschlechtsneutral zu verstehen.

1. Auflage 2021

Türkenstraße 89
80799 München
Tel.: 089 651285-0
Fax: 089 652096

Redaktion: Friederike Moldenhauer
Umschlaggestaltung: Sonja Vallant
Umschlagabbildung: © Hartmuth Schröder
Layout und Satz: abavo GmbH, Buchloe
Druck: CPI books GmbH, Leck
Printed in Germany

ISBN Print 978-3-7423-1051-4
ISBN E-Book (PDF) 978-3-7453-1397-0
ISBN E-Book (EPUB, Mobi) 978-3-7453-1398-7

Inhalt

Vorwort

Ich bin Tatortreiniger. Seit 27 Jahren räume ich das Leben anderer nach ihrem Tod auf – und das bisher in mehr als 20 Ländern. Ich habe mehr als 5000 Tatortreinigungen selbst durchgeführt und weitere 10000 begleitet. Blut, Biomasse, Flüssigkeiten – sterben wir, bleibt nicht mehr viel von uns übrig. Natürlich habe auch ich mir aufgrund meines Berufs Gedanken über das Leben und den Tod gemacht. In manchen Teilen der Erde wird der Tod zum Beispiel gefeiert, Menschen freuen sich auf das, was danach kommt – den Himmel, das Nirwana, die Reinkarnation. Ich habe viele Wege zum Tod gesehen: Menschen, die sich selbst das Leben nahmen, solche, die plötzlich durch einen Unfall aus ihrem Alltag gerissen wurden, Menschen, die einer Krankheit erlagen oder solche, die glücklich und friedlich ihr Ende akzeptierten.

Nicht immer ist der Tod etwas Negatives. Vom Tod können die Lebenden lernen. Aus Tausenden Geschichten – von Extremfällen bis Normalität – konnte ich für mich die Essenz des Lebens filtern. Von den Menschen und deren Schicksalen habe ich viel gelernt. Ich habe mir ihre Geschichten zu eigen gemacht und daraus viel Positives für mich selbst abgeleitet. Ich möchte dir auf Basis meiner Geschichten über meine Erlebnisse am Tatort eine neue Sichtweise auf das Leben zeigen. Was zählt wirklich im Leben? Was können wir für uns mitnehmen? Was lernen wir von den Toten?

Ich möchte dich dazu anregen, deine eigene kleine Welt, deinen Mikrokosmos, einmal zu verlassen und eine andere Perspektive einzunehmen. Dich einmal selbst in deinem Dasein zu reflektieren und zu hinterfragen. Von jedem Tatort habe ich eine Erkenntnis für mein eigenes Leben mitgenommen und kann heute behaupten, dass ich positiver, zufriedener und glücklicher denn je bin. Ich hoffe, dass auch du aus diesem Buch einige Prinzipien für dich ableiten kannst, um dein Leben ein Stückchen besser zu machen.

Viel Spaß beim Lesen.

Marcell Engel

KAPITEL 1
ANGST

Der Tatort – das Horrorhaus

Seit jeher haben Menschen Angst. Ein Urtrieb, vor dem es kein Entkommen gibt. Angst vor der Dunkelheit, dem Ungewissen, dem Unerklärlichen. Manchmal steckt die Angst auch in einem ganz normalen Tag. Ich gehöre nicht zu den ängstlichen Menschen, fürchte mich grundsätzlich vor nichts und niemandem. Stelle mich selbstbewusst jeder Situation. Doch an diesem Tag, den ich nie vergessen werde, hat sie auch mich gepackt – die Angst.

Es war ein drückend schwüler Sommertag Anfang der 2000er, das Thermometer zeigte weit über 30 Grad Celsius an. Ich sehnte schon langsam den Feierabend herbei, um der Hitze zu entkommen und es lag eine allgemeine Trägheit in der Luft. Das Schrillen des Telefons riss mich in diesem Moment aus meiner Schreibtischarbeit. Wie fast immer kündigte das Läuten einen neuen Auftrag an. Am anderen Ende der Leitung meldete sich, der Stimme nach, ein noch junger Mann: »Sie müssten hier mal vorbeikommen und eine Reinigung vornehmen. Es geht hier darum, die öffentliche Ordnung wiederherzustellen.« Mehr als diese kryptischen Informationen erhielt ich vorerst nicht. Der Satz, dass es um die öffentliche Ordnung ging, ließ jedoch meine inneren Alarmglocken anspringen. Immer wenn diese Wendung benutzt wird, ist klar, dass mehr im Busch ist als nur eine »normale« Reinigung.

Ich stellte mich gespannt darauf ein, weitere Informationen zu erhalten. Doch nichts – ratlos starrte ich noch einige Minuten auf den Telefonhörer. Aber mehr, als dass es sich um einen Leichenfund handelte und das Haus lange Zeit von niemanden betreten wurde, erfuhr ich nicht. Es war mir zunächst schleierhaft, wie das die öffentliche Ordnung gefährdete. Ich erhoffte mir, dass der Auftraggeber vor Ort bei der Schlüsselübergabe noch mehr zum Geschehen sagen würde.

Ohne zu wissen, was genau dieser Fall für mich bereithalten würde, machte ich mich mit meiner damaligen Auszubildenden Diana kurze Zeit später auf den Weg in einen beschaulichen Frankfurter Vorort. Während der Fahrt begann mein Gedankenkino und die wildesten Theorien geisterten in meinem Kopf umher. Mit jeder Minute stieg die Anspannung. Was würde uns dort erwarten?

Wir fuhren an einer Reihe gepflegter Einfamilienhäuser vorbei, freundlich einladende Fassaden von älteren Häuschen wechselten sich mit den glatten Fronten moderner Neubauten ab. Wäre ich hier nur zu Besuch gewesen, würde ich mich durchaus wohlfühlen. Langsam fuhren wir weiter die idyllische Straße entlang, bis zur gesuchten Hausnummer. Ein Blick aus dem Fenster offenbarte ein für diese Gegend typisches Haus. Allerdings wirkte es im Gegensatz zu den gepflegten Nachbarhäusern verwahrlost. Noch war mir nicht bewusst, welches schreckliche Geheimnis es im Inneren für uns bereithielt. Ich öffnete die Autotür und trat in die heiße Luft hinaus. Kurz darauf kündigten Reifengeräusche unseren Auftraggeber an. Er sprang aus dem Auto, wandte sich an uns mit den Worten: »Hier ist der Schlüssel, wenn es Probleme gibt, anrufen« – und schon war er wieder verschwunden. Dort standen wir also mit dem Schlüssel in der Hand, ohne Details, ohne konkrete Anweisungen.

Ich lächelte Diana noch zuversichtlich an, bevor wir die kleine Gartenpforte erreichten. Eine kleine Steinmauer, auf dessen Schultern ein Metallzaun mit kleinen Säulen thronte, säumte den Vorgarten. Rechts neben dem Haus erstrecke sich ein großer Platz mit Garage. Im Gegensatz zu den Nachbarhäusern war dieses Gebäude extrem weit nach hinten in den Garten versetzt und vor Blicken gut geschützt. Der Zahn der Zeit hatte auch hier mit aller Vehemenz genagt – alles präsentierte sich im fortgeschrittenen Stadium des Verfalls.

Über dem Vorplatz befand sich zu Teilen eine Pergola, die ihren einstigen Glanz längst verloren hatte. Wilder Wein wucherte über die einzelnen Holzbalken und verschlang sie regelrecht. Unter dem Holzgang stand nicht etwa eine schöne Sitzgruppe, die auf ein Glas Wein einlud, sondern es stapelten sich Müll und Unrat. Mülltüte über Mülltüte, gelbe Säcke, Kleidung und vieles mehr lag in einem riesigen Chaos durcheinander. Rechts neben der Pergola befand sich ein kleiner Aufgang zum Haus, davor gelagert ein nachträglich angebauter Windfang. Langsam stiegen wir die wenigen Stufen der ausgetretenen Steintreppe empor. Sie führte uns vorbei an noch mehr wildem Wein, der uns seine Blätter entgegenstreckte. Die Tür bestand aus Milchglas und verwehrte durch einen vorgezogenen Vorhang den Blick in das Innere. Ich kann mich noch genau daran erinnern, wie wir versuchten, mit dem Schlüssel die Tür zu öffnen, doch das ersehnte, leise Klicken blieb aus. Das Schloss klemmte. Ich rief mir noch einmal kurz die Worte unseres Auftraggebers ins Gedächtnis: »Wenn es Probleme gibt, anrufen.« Ein sanftes Öffnen der Tür war schlicht nicht möglich. Je länger wir dort standen und versuchten, das Schloss doch noch dazu zu bringen, nachzugeben, desto angespannter wurde die Stimmung. Ein seltsames Gefühl durchzuckte mich plötzlich, etwas, das man nicht beschreiben kann. Vielleicht war es eine dunkle Vorahnung, die Intuition, jetzt besser das Weite zu suchen. Es war, als würde mein Körper schon wissen, dass hier etwas ganz und gar nicht stimmte.

Irgendwie spooky

Diana erkundete derweil das Grundstück, um eventuell einen zweiten Eingang zu finden, den wir übersehen hatten. Beim Rundgang zeigte sich, dass jedes Fenster zur Straße hin mit massiven Holzrollläden verbarrikadiert war. Hier war kein Durchkommen möglich – der hintere Teil des Hauses gab noch einen Kellerabgang preis. Müllberge und meterhoch gestapelter Unrat versperrten jedoch auch hier den Weg. Es war fast so, als würde das Haus nicht wollen, das wir hereinkommen.

Obwohl dieses Einfamilienhaus nicht wirkte, als sei es einem Horrorfilm entsprungen, so war es doch von einer seltsam mysteriösen Aura umgeben. Der Blick in den Garten zeigte, dass sich hier die Natur langsam, aber sicher, ihr Territorium zurückerobert hatte. Alles von Menschenhand Geschaffene verschwand unter einem grünen Teppich, die Betonplatten, die den Weg in den Garten einfassten, ließen nur noch schemenhaft erahnen, wie es hier einmal gewesen sein musste. Ich horchte mit einem Mal auf und ... nichts. Kein Vogelgezwitscher, keine fröhlich spielenden Nachbarskinder, kein Hundegebell. Nicht einmal das Surren von Insekten war zu hören. Der verwahrloste Zustand des Hauses war eine Sache, doch diese Totenstille um diese Uhrzeit am Nachmittag in einem sonst belebten Vorort war wirklich unheimlich, ich fühlte mich kurzzeitig wie in Stephen Kings Roman *Die Arena*, gefangen unter einer Glaskuppel, die nichts nach außen dringen lässt, aber auch nichts nach innen. Ich wandte mich an Diana. »Irgendwie fängt der Auftrag ein bisschen spooky an.« Sie stimmte mir lächelnd zu. Es war zweifelsohne ein bisschen seltsam, aber noch lange kein Grund, um in Panik zu geraten.

Als klar war, dass wir nicht so einfach in das Haus kommen würden, rief ich unseren Auftraggeber an und fragte, ob wir zur Not auch etwas Gewalt anwenden dürften, um das Türschloss aufzubrechen. Als dieser bejahte, holte ich mein Werkzeug und brach die Tür auf. Gemeinsam traten wir in den vorgelagerten Windfang des Hauses ein. Auch hier führte sich fort, was sich schon vor dem Haus angedeutet hatte. Müll und noch mehr Müll. Ich blickte mich um und erkannte drei Garderobenständer, die über und über mit Kleidung bedeckt waren: Jacken, Pullover, Hosen und oben auf den Haufen gestapelt jede Menge Baseballcaps, Mützen und Hüte. In dem Lichtschein, der von draußen hereindrang, präsentierten sich zudem Hunderte filigran durch den Raum laufende Spinnweben. Staubkörner tanzten in dem Luftstrom, den wir mit unserem Eindringen verursacht hatten. Freiwillig hätte ich ein solches Haus wohl nie betreten. Unter meiner kompletten Schutzkleidung begann ich mehr und mehr zu schwitzen, ich merkte, wie mir die Schweißperlen den Rücken herunterliefen, draußen waren es mittlerweile locker über 30 Grad und im Inneren des Hauses bestimmt nochmal zehn mehr. Als wäre das nicht schon genug, schlug uns beim Betreten ein extremer Leichengeruch entgegen. Sogar durch die Schutzmasken hindurch, die mit ihrem Kohlefilter eigentlich dafür sorgen, solche Gerüche fernzuhalten, nahmen wir den süßlichen Geruch des Todes wahr. Diesen Geruch vergisst man nicht. Schafft er es, durch die Masken zu dringen, ist das ein untrügliches Anzeichen dafür, dass das, was kommt, extrem sein wird. Es würde ein richtig harter, abgefuckter Tag werden.

Dunkelheit und Ungeziefer

Im Vorraum diente uns zunächst nur das einfallende Licht aus der Eingangstür zur Orientierung. Unsere Taschenlampen waren zwar griffbereit, aber damals noch weit entfernt von modernen LED-Leuchten – man hätte genauso gut ein Feuerzeug anzünden können, wahrscheinlich hätte dieses noch mehr Licht gespendet. Wenn der Windfang uns schon so abweisend vorkam, wie sollte es dann weitergehen? In dem beengten, vermüllten Vorraum standen wir erst vor unserer eigentlichen Aufgabe, der Haustür. Die schwere Holztür stand in all ihrer Pracht vor uns. Die schmalen Milchglasfenster wurden von massiven Mittelholzstegen gestützt. Sie starrte uns regelrecht an, schien zu sagen, dass das, was jetzt käme, kein Spaß würde. Ich wollte jetzt nur allzu gerne tief durchatmen, um mich auf das Kommende vorzubereiten, aber angesichts des ekelerregenden Gestanks hielt ich meinen Atem flach. Stattdessen steckte ich entschlossenen den Schlüssel ins Schloss. Ein leises Klicken. Diesmal öffnete der Schlüssel die Tür mühelos. Das Geräusch beim Öffnen war nicht etwa ein zu erwartendes Knarren oder Quietschen, es hörte sich vielmehr an, als würde ein Stück rohes Fleisch auf ein Holzbrett klatschen. Ich bekam Gänsehaut, als ich die Geräuschquelle am Boden ausmachte. Tausende kleine weiße Maden, die über den Fußboden krochen, wurden durch das Öffnen der Türe zerquetscht. Mit jedem Zentimeter, den wir die Eingangstüre weiter zur Seite schoben, breitete sich das Geräusch aus. Diana wollte unbedingt ihren Mut beweisen und vorangehen. Vorsichtig steckte sie als Erste ihren Kopf durch den geöffneten Spalt. Plötzlich war im Sekundentakt ein Klopfgeräusch zu vernehmen. Zahllose Fliegen prallten mit einem Geräusch wie Hagel auf ein Autodach gegen das

Visier ihrer Schutzmaske. Ich rief ihr noch zu, sie solle aufpassen, denn der dahinterliegende Raum war stockdunkel. Der vage Schein unserer Taschenlampen ließ lediglich ein diffuses Bild zu.

Da standen wir nun umhüllt von tiefstem Schwarz, mit unserer lächerlichen Lichtquelle, die gerade einmal ein paar Zentimeter ausleuchtete, dem Surren der gierigen Insekten um uns herum und den Maden, die sich einen Weg über unsere Gummistiefel bahnten. Wir tasteten nach einem Lichtschalter, in der Hoffnung, dass dieser irgendeine Lampe angehen lassen würde, doch nichts tat sich – die Sicherung war herausgedreht worden.

Wir hatten weder Ersatzakkus noch -batterien für unsere Taschenlampen im Auto. Die einzige Alternative, die sich sonst bot, war, den Tatort wieder zu verlassen, um eine Tankstelle oder einen Supermarkt zu suchen. Mal eben im Internet nach dem Weg suchen, oder das Navi anwerfen, war zu dieser Zeit noch nicht möglich. In einer Gegend, in der wir uns nicht auskannten, wäre es ohne Karte eine zeitraubende Herausforderung gewesen, einen Laden zu finden. Deshalb beschlossen wir, es anders zu versuchen. Einen Nachbarn um Hilfe zu bitten, kam nicht in Frage, da wir uns wieder komplett aus dem Schutzanzug hätten schälen und zudem wahrscheinlich noch einigen neugierigen Fragen oder Geschichten hätten lauschen müssen – dafür war schlicht keine Zeit. Wir entschieden uns für einen anderen Weg. Hätten wir erst einmal einen der Rollläden geöffnet, würde es auch genug Licht geben. Wir kämpften uns also durch den vermüllten Hausflur, an dem links und rechts weitere Türen abgingen, um in einen der Räume zu gelangen. Der Boden war ein einziges Meer aus Stolperfallen: Flaschen, Kleidung, Mülltüten und dazwischen jede Menge Maden. Jeder Schritt fühlte sich an, als würde man auf Luftpolsterfolie gehen. Plopp, plopp, plopp – kleine Maden-Kokons zerplatzten unter den schweren Sohlen der Gummistiefel. Mit jedem Schritt wurde der Belag unter unseren Füßen zu einer schmierigeren Masse aus zerquetschen Maden, Insekten und Müllresten. Plötzlich rutschte Diana aus, schlitterte mit rudernden Armen über den Boden auf der Suche nach Halt und bekam in letzter Sekunde den Türrahmen zu fassen. Das Letzte was ich in diesem Horrorhaus wollte, war jetzt auch noch ein Arbeitsunfall. »Reiß dich mal zusammen, wir haben hier noch einen Tatort zu reinigen«, sagte ich scherzhaft zu ihr, um der Situation die Ernsthaftigkeit zu nehmen. Nach meinem Witz kehrte wieder Grabesruhe ein, kein Mucks war zu hören – ein zunehmend merkwürdiges Gefühl breitete sich in meiner Brust aus. Das Einzige, was ich wahrnahm, war das Geräusch meines eigenen Atmens durch die Maske. Ich spürte, wie sich mein Herzschlag beschleunigte. Es war drückend heiß, der Gestank unerträglich und stockdunkel. Eine Kombination, auf die ich gerne verzichtet hätte. Ich war sehr angespannt, es war noch kein Gefühl der Angst, aber mein Körper war eindeutig in Alarmbereitschaft. In diesem Moment habe ich nur daran gedacht, dass ich jetzt ein gutes Vorbild sein musste – ich konnte nicht einfach den Schwanz einziehen und ängstlich ins Freie rennen. Also Augen zu und durch. Mein Plan war klar: Erstmal in einen der Räume hineinkommen und den Rollladen hochschieben, um endlich Gewissheit zu erlangen, womit wir es hier eigentlich zu tun haben. Ich schickte Diana in einen anderen Raum mit dem gleichen Ziel. Kaum hatte ich die ersten Schritte über die Müllsäcke gemacht, hörte ich aus dem Nebenzimmer einen markerschütternden Schrei, der die Stille zerriss. Mein Herz blieb stehen. Kurze Zeit später kam zum Glück die Entwarnung. Dianas Taschenlampe hatte nun vollends versagt und sie allein im Finsteren zurückgelassen.

Ich setzte meine Exkursion über die Müllberge fort, mit jedem Schritt wuchsen die Hügel an, die ich auf dem Weg zum rettenden Fenster überwinden musste. Wir waren tatsächlich mitten im Messie-Horror-Leichen-Haus gefangen. Bis unter die Decke vollgestopft mit Hausrat, Kleidung, Essensresten, dreckigem Geschirr, vertrockneten Pflanzen, Hunde- und Katzenfutterdosen, Verpackungsmüll und undefinierbarem Unrat. Aufgrund der ganzen leeren Futterdosen schoss mir der Gedanke durch den Kopf, dass es dazu ja auch noch die entsprechenden Tiere geben müsste, doch wo waren sie? Ich lauschte. War da etwa ein Rascheln? Würde gleich eine Katze aus dem Nichts auf mich springen? So ging es nicht weiter, wir brauchten hier dringend Licht, doch der Weg zu den Fenstern war ein undurchdringlicher Mülldschungel. Eine Alternative musste her. Zurück in den Flur war der einzige Weg. Wir müssten beide wieder über die Müllberge in Richtung des Eingangsbereichs zurück, um die Lage zu besprechen. Konzentriert machte ich mich auf den Weg.

Stimme aus dem Nichts

»Hallo, hier ist Rainer Schmitt*. Gerade ist niemand zu Hause. Möchten Sie eine Nachricht hinterlassen? Sprechen Sie nach dem Piepton.« Auf einmal sprang der Anrufbeantworter an und versetzte mich in Angst und Schrecken. Eine Sekunde, in der es mir wie ein Stromschlag durch sämtliche Glieder

---

* Alle Hinterbliebenen, Betroffenen bzw. berechtigen Personen haben ihr Einverständnis gegeben, dass die im vorliegenden Buch genannten Geschichten veröffentlicht werden dürfen. Die Namen der Personen sowie die genaueren Umstände der Geschichten wurden grundsätzlich verfremdet.

fuhr. Ich war mit einem Mal mehr als wach. Als ich gerade wieder dabei war, mich zu beruhigen, durchbrach erneut ein Schrei die Stille. »Diana«, schoss es mir durch den Kopf. Aufgrund der Bandansage auf dem Anrufbeantworter, war sie erschrocken Richtung Fenster zurückgehechtet. In ihrer Angst, es würde jetzt gleich etwas furchtbar Schreckliches passieren, zog sie mit aller Kraft den Rollladen ein Stück nach oben, um endlich das erlösende Licht hereinzulassen. Mit Entsetzen stellte sie im Sonnenschein fest, dass sie auf einem Bett stand, genauer gesagt, spürte sie den weichen, schwammartigen Untergrund und erkannte, dass sie auf einer mit Leichenflüssigkeit durchtränken Matratze stand. Sie war alleine im Zimmer und mein erster Impuls war, so schnell wie möglich zu ihr zu gelangen. »Hast du es auch gehört? Hast du den Anrufbeantworter gehört? Was ist hier eigentlich los? Das ist doch merkwürdig.« Die Worte sprudelten nur so aus ihr heraus und ich konnte mir nur allzu gut vorstellen, auf welchem Level ihr Puls gerade war. Natürlich lag es jetzt an mir, den Coolen zu geben, damit die Situation nicht vollends außer Kontrolle geriet. Nach einigen Minuten entspannte sich die Lage wieder und wir glaubten fest daran, dass das Schlimmste jetzt überstanden sei, doch weit gefehlt ...

Die Angst vor der Dunkelheit und dem Ungewissen war durch die eindringenden Sonnenstrahlen zunächst verschwunden. Zugleich offenbarten sie den Blick auf ungeahntes Chaos. So etwas hatte ich während meiner gesamten Berufslaufbahn noch nicht gesehen. Als Tatortreiniger darf man jedoch eines nie verlieren: den Humor. Wir standen beide im Flur des Hauses, haben ein bisschen gescherzt, ohne den nötigen Respekt vor der Situation zu verlieren, haben uns Mut zugesprochen und erstmal die Erkenntnis beiseitegeschoben, dass wir fast knietief im Müll versanken. Ich ging zu den beiden großen Türen am Ende des Flurs und eine Gameshow-Situation tauchte unpassender Weise vor meinem inneren Auge auf: Sollte ich nun Tür eins oder zwei wählen? Hinter welcher verbarg sich wohl der Preis? Diana wählte die linke Tür und ich die rechte. Schon als ich die Türe über den Madenteppich gleiten ließ, wusste ich, dass ich der Verlierer dieses Spiels war. Vor mir breitete sich ein weiteres zugemülltes Schlafzimmer aus. Ein Ungetüm von Schiebetürschrank nahm einen Großteil der Wand ein, ich erhaschte kurz im Spiegel schemenhaft mein Bild, bevor ich auch hier den Rollladen öffnete, um den zweiten Leichenfundort in Augenschein zu nehmen. Es war also nicht nur ein Mensch, der hier gestorben war, es waren zwei. Ein großes Doppelbett stand in der Mitte des Raums, gekrönt von einem Stapel an Matratzen, einer zusammengeknüllten Federbettdecke und mehreren von brauner Leichenflüssigkeit durchzogenen Kopfkissen. An der Wand befand sich eine einst wohl sehr schöne Fototapete, die die atemberaubende Natur der Malediven abbildete, doch auch hier hatten die Maden der Speckkäfer, Schmeißfliegen und Aaskäfer ganze Arbeit geleistet und eine Spur hinterlassen, die einer gefächerten Koralle oder einer von Blitzen durchzuckten Gewitternacht ähnelte. Schlüpfen Maden in Leichenflüssigkeit, hinterlassen sie Spuren an der Wand und zeichnen so ein skurriles Bild des Todes.

Die oberste Matratze des Stapels war bereits durchgelegen, was darauf schließen ließ, dass der Leichnam über ein enormes Körpergewicht verfügt haben musste. Als ich die Bettdecke beiseite nahm und eine Matratze anheben wollte, war dies kaum möglich, sie war komplett mit Flüssigkeit durchtränkt, nass, stinkend und schwer. Beim näheren Hinsehen wurde deutlich, dass die Matratzen bereits ein Eigenleben hatten, Tausende kleine Maden fraßen sich genüsslich durch das Gewebe. Nach der ersten Bestandsaufnahme sah ich mir den Raum etwas genauer an. Ich ließ meinen Blick durch das Zimmer schweifen, vorbei am Schrank, hinauf zur Decke. Dort erkannte ich, dass neben den vielen feinen Spinnweben viele Gewebereste hingen. Die rundlichen Fleischlappen der Gehirnmasse, die an der Decke klebten, waren von dunkelroter Farbe und bereits angetrocknet. Für mich eine klare Sache: Kopfschuss. Es gab einfach keinen anderen Weg, wie menschliches Gewebe sonst an die Decke spritzen könnte. In einem solchen Augenblick hat es Priorität, noch einmal beim Auftraggeber nachzufragen. Wir hatten überhaupt keine Informationen zum Tatort und wussten nicht, ob und was hier eventuell von den zuständigen Behörden noch sichergestellt werden musste.

Erweiteter Suizid

Endlich bekamen wir am Telefon die traurige Gewissheit: In diesem Haus hatte ein erweiterter Suizid eines Ehepaares stattgefunden. Es wurde vermutet, dass der Mann zunächst seine Frau umgebracht und anschließend sich selbst erschossen hat. Dass die beiden Messies waren, war mehr als ersichtlich. Darüber hinaus hatten noch fünfzehn Katzen und zwanzig Hunde im Horrorhaus gelebt. In ihrem Überlebenstrieb hatten die Tiere bereits angefangen, sich von den Leichen zu ernähren. Doch das hatte nicht allen das Überleben gesichert. Wir wurden auch darüber unterrichtet, dass die Leichen wohl mehrere Monate verwesend im Haus gelegen hatten, bevor jemand die Polizei rief. Und das war auch eher dem Zufall zu verdanken, denn das Ehepaar lebte extrem zurückgezogen. Die Nachbarn waren aufgrund des Mülls und der Tierhaltung ja schon an einige Gerüche gewohnt, doch als es nicht mehr zumutbar war, wurden endlich Schritte eingeleitet.

Während des Telefonats haben wir dem Auftraggeber angeboten, auch über die Entsorgung der Überreste der Leichenfunde hinaus, das ganze Haus zu reinigen und zu entrümpeln. Denn alleine den Leichenfund zu bereinigen, löste hier definitiv nicht das Problem einer möglichen Infektions- oder Ansteckungsgefahr – besonders in Anbetracht des verwahrlosten Zustands des alten Hauses und der Holzfußböden. Ich empfahl, das Haus gesamteinheitlich zu räumen. Nachdem diese Frage sofort telefonisch mit dem Amtsgericht geklärt worden war, erhielten wir eine dementsprechende Auftragserweiterung. Endlich gab es auch weitere Neuigkeiten zum Verbleib der Haustiere. Einige Katzen waren wohl noch im Haus. Da sie sich nicht herauslocken ließen, mussten wir bei unserem weiteren Vorgehen also damit rechnen, noch auf einige Katzen zu stoßen. Wir riefen das ortsansässige Tierheim und berichteten diesem, dass wohl noch lebende Tiere im Haus sind. Wenig später rückten die Mitarbeiter des Tierheims mit Transportkisten an, um die scheuen Tiere zu bergen. Die Hunde wurden alle geborgen, einige davon aber leider bereits Tod, da sie verhungert waren.

Die »Animal-Abteilung«

Mit den neugewonnenen Erkenntnissen und aufflammendem Enthusiasmus, soweit man hier davon sprechen konnte, machte ich mich daran, den Rest des Hauses zu erkunden. Schließlich gab es noch das obere Stockwerk. Schon auf dem Treppenabsatz ekelte ich mich – es war abartig und für mich absolut unbegreiflich, wie Menschen über Jahrzehnte so leben konnten. Vorsichtig erklomm ich die Stufen in die

»Animal-Abteilung« des Hauses. Sowohl eingetrockneter als auch relativ frischer Kot und Lebensmittelreste pflasterten die Treppe, manches davon war bereits so sehr mit den einzelnen Stufen verklebt, dass es fester Bestandteil geworden war. Mit jedem Schritt knirschte der Unrat unter meinen Schuhen. Die Tapeten waren überall heruntergekratzt, hingen in Fetzen von der Wand und der Geruch wurde von Sekunde zu Sekunde unerträglicher. Oben an der Treppe erwartete mich ein kleiner Flur, von dem drei Räume abgingen. Wieder war alles stockdunkel – ich lauschte in das Schwarz hinein. Ich ging davon aus, dass sich die Tiere weitestgehend in diesem Stockwerk aufhielten. Ich konnte mir nur ausmalen, wie unglaublich ängstlich die armen Tiere sein würden, falls hier welche überlebt hätten. In einem der Räume habe ich tatsächlich neben vielen Kadavern noch eine lebende Katze gefunden, die allerdings erbärmlich aussah. Es musste einst ein Tier mit sehr schönem, flauschigem Fell gewesen sein, doch die Katze sah so aus, als wäre sie gerade in einen Fluss gefallen. Sie war total abgemagert, mit entzündeten Augen und sie sah aus wie ein kleiner, wandelnder Fäkalienhaufen. Nach einigen Bemühungen gelang es uns, das arme Ding in einen Karton zu bugsieren und letztendlich aus diesem Haus, ihrem persönlichen Gefängnis, zu befreien. Sie hatte wahrscheinlich mehr Angst, als wir jemals hätten haben können.

Nachdem wir das gesamte Haus in Augenschein genommen hatten, konnten wir uns noch weniger vorstellen, wie Menschen unter diesen Umständen hatten hausen können. Es war nicht so, als wäre das Haus einfach nur unordentlich oder schmutzig, hier muss über viele Jahre hinweg stetig mehr Müll angehäuft worden sein. Warum sich die beiden Bewohner des Horrorhauses das Leben nahmen, blieb nach wie vor unbeantwortet. Lag es nur daran, dass sie es nicht mehr ertrugen, so zu leben?

Der Weg ins Ungewisse

Um den Überblick zu vervollständigen, fehlte nur noch die Küche im unteren Stockwerk. Ungeziefer, Dreck, Müll - auch hier das gewohnte Bild. Dass jemand hier essen und leben konnte, war mir schleierhaft. In der Küche gab es eine Holztür, die der eines Toilettenhäuschens aus vergangenen Zeiten ähnelte - typisch für diese Art Altbau. Dahinter verbarg sich eine Treppe in den Keller. Ich trat den Weg ins Ungewisse an, denn ich musste wenigstens eine grobe Übersicht über die Zustände im Keller gewinnen. Hochkonzentriert, um nicht über einen der zahlreichen Müllsäcke zu stolpern, nahm ich vorsichtig Stufe für Stufe. Ich habe mit allem gerechnet - weiteren Katzen, Dreck, Kadavern. Im Augenwinkel nahm ich einen dunklen Schatten wahr, der durch die Luft sauste und auf meiner Schulter landete. Ich unterdrückte einen Schrei, wollte mich wegducken und spürte, wie mich die Angst übermannt. Da saß eine Ratte auf meiner Schulter - ja, eine scheiß Ratte. Und ich meine nicht die putzige Sorte, die sich Menschen als Haustiere halten, sondern eine echt große, fiese Kanalratte. Mit ihren schwarzen Augen starrte sie mich an, als wollte sie mich für meine Angst auslachen. Der Keller war voll mit Dutzenden von Ratten. In mir kam Panik auf. Ich wollte nur noch weg, hastete los und stolperte in meiner Eile über den Müll, konnte mich nicht mehr halten und schlug mir mein Schienbein beim Hinfallen auf. Keuchend rappelte ich mich auf und hastete im Turbogang die Treppe nach oben. Am liebsten wäre ich dort Diana in den Schoß gesprungen, so wie man es aus Comics kennt, aber das konnte ich natürlich nicht. Mein Herz schlug so heftig in meiner Brust, dass ich der festen Überzeugung war, dass es gleich herausspringen würde. Jetzt hatte ich endgültig genug von diesem Haus und brauchte dringend frische Luft.

Das Puzzle fügt sich zusammen

Die Tatortreinigung und das Entrümpeln des Hauses war eine Mammutaufgabe. Auch das Rätsel um die Menschen, die hier wohnten, klärte sich Stück für Stück. Ein Frührentner und seine wohl geistig behinderte Ehefrau hatten seit Jahrzehnten im Müll des Horrorhauses gelebt. Zum Zeitpunkt des Todes hatte der Mann nicht nur ein Gewicht von rund 200 Kilo, sondern auch Krebs im Endstadium. So wollte er nicht mehr weiterleben, aber seine Frau auch nicht zurücklassen. Sie waren beide sehr krank und hatten keine Hilfe von anderen Menschen. Nachbarn beschrieben das Ehepaar als zurückgezogen – weder hat man sie gesehen noch gehört. Wochen- sogar monatelang waren die Rollläden zu und das einzig wahrnehmbare Lebenszeichen waren die Tiere draußen und ein Kopf, der sich hin und wieder durch die Tür reckte, um nach ihnen zu rufen.

Mit diesem Tatort bringe ich nur ein Gefühl in Verbindung: Angst. Dafür ausschlaggebend waren nicht die traurigen Umstände des Todes, sondern mein Gefühl von Ungewissheit, Angst, was hinter der nächsten Tür lauert, Situationen, auf die ich mich nicht einstellen konnte und denen ich hilflos ausgeliefert war. Egal wie stark und furchtlos ich mich bis dahin fühlte, hier wurde mir klar, dass Angst jeden treffen kann.

Angst nimmt Lebensqualität

Es gibt nichts, wovor man nicht Angst haben kann – vor Spinnen und anderen Tieren über Angst vor Gegenständen und bestimmten Situationen bis hin zur Angst vorm Zahnarzt ist alles dabei.

In diesem Kapitel möchte ich allerdings nicht auf das Krankheitsbild der Angststörungen eingehen, sondern auf Ängste, die im Alltag jederzeit auf uns zukommen können. Vor allem möchte ich darauf eingehen, wie man mit Angst umgehen kann, damit es zu keinen schwerwiegenden Folgen kommt.

Viele Menschen hatten zum Beispiel Angst vor Corona. Nicht nur der Möglichkeit einer Erkrankung wegen, sondern es ist die Angst vor dieser unbekannten Größe, die uns alle betrifft und bei vielen von uns Existenzangst auslöst. Wir werden durch die Medien und äußere Einflüsse verunsichert. Selbst Menschen, die positiv denken, hinterfragen im Moment sehr viel. Denken wir nur mal an die Toilettenpapierproblematik zu Anfang der Pandemie, als es vielfach keines mehr in den Supermarktregalen gab. Dass es eine Ware plötzlich nicht mehr gibt, sind wir in Deutschland seit dem Zweiten Weltkrieg nicht mehr gewöhnt. Plötzlich schwankt unser Sicherheitsgefühl und Angst verbreitet sich wie ein Lauffeuer.

Angst entsteht immer dann, wenn wir die Kontrolle über die Situation verlieren. Wie in meinem Beispiel mit dem Horrorhaus. Die Krankheit nahm dem Ehemann die Kontrolle über sein Leben, es entstand die Angst vor der Zukunft und ließ ihn schlussendlich seinem Leben ein Ende setzen.

Lass mich in diesem Kapitel die Angst mit all ihren Facetten einmal näher betrachten. Was ist Angst? Was macht sie mit unserem Körper? Was macht sie mit unserer Seele? Wie können wir mit ihr umgehen?

Angst als natürliche Reaktion auf bedrohliche Situationen

Die in meinen Augen beste Definition von Angst geben Nossrat Peseschkian und Udo Boessmann in ihrem Buch *Angst und Depression im Alltag* unter der Überschrift: »Die existentielle Funktion der Angst«: »Angst ist neben den Grundbedürfnissen eine mächtige, wenn nicht gar die stärkste Antriebskraft für das menschliche Verhalten überhaupt. Sie ist ein archaisches, tief in der tierischen und menschlichen Natur verwurzeltes Reaktionsmuster, das im Dienst des Überlebens steht.«[1]

Angst ist also grundsätzlich erstmal als positiv einzustufen und nichts anderes als eine natürliche Reaktion des Körpers auf eine reale Gefahr. Der Steinzeitpapa ist auf der Suche nach Essen, der Säbelzahntiger taucht auf und von der einen Sekunde auf die andere stellt sich der Körper auf die Situation ein.

Angstreaktionen werden vom Stammhirn gesteuert. Völlig unterbewusst läuft die Verbindung von Reiz (die Bedrohung) und der Reaktion (Kampf, Flucht oder Schockstarre) ab. Sehr anschaulich beschreibt diesen rein vegetativen Ablauf Klaus Bernhardt in seinem Buch *Panikattacken und andere Angststörungen loswerden.*[2] In dem Moment, in dem wir den Reiz einer Bedrohung unterbewusst wahrnehmen, aktiviert unser Gehirn Neurotransmitter. Neurotransmitter sind körpereigene Botenstoffe, durch die unser Gehirn nahezu jede körperliche Reaktion hervorruft. Im Fall von Angst werden hauptsächlich zwei Neurotransmitter ausgeschüttet:

- Unser Hirn gibt den Befehl an die Nebennieren, **Adrenalin** auszuschütten. Adrenalin beschleunigt den Herzschlag, so dass deutlich schneller Nährstoffe und Sauerstoff durch den Körper transportiert werden. Vor allem Arme und Beine werden reichlich versorgt, um entweder im Falle der Reaktion »Flucht« schnell weglaufen oder sich im Kampf ausreichend wehren zu können.
- Daneben wird der Neurotransmitter **Histamin** ausgeschüttet. Histamin steuert unter anderen die Funktionen des Magens, Darms und der Bronchien. Dieser Botenstoff sorgt dafür, dass sich bei Angst schlagartig unser Magen verkrampft. Die Verdauung wird gestoppt. Damit wird sehr viel Energie eingespart, die nun benötigt wird, um zu fliehen oder zu kämpfen. Histamin sorgt weiterhin dafür, dass wir unnötigen Ballast abwerfen. Tiere auf der Flucht verlieren Urin und Kot. Sie erleichtern sich, um noch schneller weglaufen zu können.

In unserem Sprachgebrauch spiegeln sich diese uralten Reaktionen auf Angst: »Sich vor Angst in die Hosen machen«. »Schiss haben«. »Das schlägt mir auf den Magen«.

Bis hierhin ist Angst als positiv zu bewerten. Angst ist sinnvoll und notwendig zum Überleben:

- Der Reiz erfolgt in Form eines Alarmsignals.
- Das Stammhirn schickt die Nachricht an die Nebennieren, Botenstoffe werden ausgeschüttet und der Körper auf schnelles Handeln vorbereitet.
- Die Reaktionen wie Kampf, Flucht oder Schockstarre laufen automatisch und schnell ab.

Kompliziert wird das Thema Angst jedoch, wenn sich zwischen Reiz und Reaktion eine dritte Komponente drängt – nämlich Denkprozesse (Kognitionen) und damit einhergehend eine Bewertung der Situation. Damit schaltet sich das Großhirn ein und Angst wird zu einer Kopfsache.

Lähmende Angst entsteht im Kopf

> *»Es sind nicht die Dinge selbst, die uns beunruhigen, sondern die Vorstellungen und Meinungen von den Dingen.«* *Epiktet (ca. 50–138 n. Chr.)*

Unser Gehirn unterscheidet nicht zwischen realen und irrealen Bedrohungen. Somit spielt es für uns keine Rolle, ob wir etwas tatsächlich erleben oder es uns nur in Gedanken ausmalen. Wenn wir in unserer reinen Vorstellung eine Situation, ein Lebewesen oder eine Sache kognitiv, das heißt im Großhirn, als bedrohlich einstufen, reagiert unser Stammhirn exakt so, wie bei einer Bedrohung durch einen Säbelzahntiger. Sämtliche Botenstoffe werden aktiviert, um die Flucht oder einen Kampf zu ermöglichen.

Ungünstig ist nun, dass wir in dieser Situation weder flüchten noch kämpfen müssen. So sucht sich der Körper andere Wege, um die Botenstoffe abzubauen. Er nutzt Mikrobewegungen der Muskulatur wie Kribbeln in Armen und Beinen, Zittern, durch das die Körpertemperatur schnell nach oben getrieben und somit überschüssige Energie in den Zellen verbrannt wird. Hitzewallungen, feuchte Hände, Durchfall, Magenkrämpfe und Harndrang gehören ebenso dazu.[3] Jeder ängstliche Gedanke, jede bloße Vorstellung löst diese Reaktionen aus!

Gedanken sind die Ursache unserer Gefühle. Es geht um die persönliche Bewertung einer Situation, die darüber entscheidet, wie man sich fühlt. Es ist ganz einfach: Negative Gedanken erzeugen negative Gefühle, positive Gedanken positive Gefühle. Daher sollte man sich in oder nach einer kritischen Situation ernsthaft fragen: Entspricht meine Bewertung wirklich den Tatsachen oder spiegelt sie nur meine Meinung wider?

Unsere Bewertungen setzen sich aus unseren Erinnerungen, Erfahrungen, Vorstellungen und Erwartungen zusammen und laufen unterbewusst und automatisch ab. Bewertungen sind erlernt. Und alles, was man erlernt hat, kann man auch wieder verlernen, aber dazu kommen wir später.

Ich möchte an dieser Stelle auf einen anderen Punkt eingehen. Wenn unsere Erfahrungen mit intensiver Angst und den damit einhergehenden negativen Bewertungen zu einem Kreislauf werden, ist der Menschen auf Dauer handlungsunfähig. Ich spreche von der Angst vor der Angst. Wer einmal intensive Angst verspürte oder gar eine Panikattacke mit allen unerfreulichen Nebenerscheinungen wie Atemschwierigkeiten, Schwindel oder dem Gefühl, sterben zu müssen, durchlebte, wird in Zukunft angstauslösende Situationen vermeiden. Jede Erfahrung intensiver Angst wird im Gedächtnis gespeichert und jede neue Angsterfahrung verstärkt das Gefühl der Angst vor der Angst. Die Erwartungsangst setzt den Körper unter anhaltenden Stress. Angst wird zum lebensbestimmenden Thema und schränkt die Lebensqualität und Leistungsfähigkeit massiv ein.

Angst als Lebenschance

Es gibt verschiedene Wege aus der Angst. Manche führen zum Ziel, andere nicht.

Am Ziel vorbei führen Angstabwehrmechanismen, die wir oft im Alltag an den Tag legen. Die Klassiker hierbei sind das Vermeiden oder Verdrängen der Angst. Wir gehen also Situationen aus dem Weg, vor denen wir Angst haben oder verdrängen die Angstgefühle, anstatt sich mit ihnen auseinanderzusetzen. Auch das Herunterspielen der eigenen Angst oder das Verallgemeinern, dass jeder in dieser Situation Angst hätte, sind wenig zielführend. Eine weitere Strategie, um die Angst abzuwehren, ist übertriebene Vorsichtsmaßnahmen zu treffen oder zu dramatisieren, denn je schlimmer wir uns eine Situation reden, desto erleichtert sind wir, wenn es am Ende nur halb so schlimm kommt.

Keine dieser Strategien führt zum Ziel. Im Gegenteil. Besonders durch das Vermeiden der Angst als Strategie, wird die Angst vor der Angst nur immer weiter geschürt. Allein der Gedanke an die Situation kann schon Angst und die damit einhergehenden körperlichen Reaktionen hervorrufen.

Neben der körperlichen Ebene hat Angst auch Auswirkungen auf unsere Gedanken und unsere Emotionen. Der Weg aus der Angst führt oftmals direkt durch sie hindurch. Konzentriere dich auf deine Gefühle, lasse die Angst zu und flüchte nicht in Gedanken an einen anderen Ort. Hast du zum Beispiel Angst vor einer Situation, dann braucht es Überwindung sich direkt hineinzubegeben. Höre auf deine Angst, nimm sie wahr und frage dich, was du gerade genau fühlst, wie bedrohlich die Situation wirklich für dich ist und was du jetzt tun kannst. Du wirst lernen, dass die Lage vielleicht gar nicht so schlimm ist, wie du es dir in Gedanken ausgemalt hast.

Gerne vergleiche ich das mit einer Achterbahnfahrt im Freizeitparkt. Beim Anstehen kribbelt es schon, wir hören andere schreien, haben so wie ich Angst vor der Höhe oder uns macht die Geschwindigkeit sorgen, wir fragen uns, ob es wirklich sicher ist, nehmen alles unter Lupe, suchen nach Siegeln von Prüfstellen, die uns Sicherheit geben usw. Doch dann erleben wir wie viel Spaß es gemacht hat und wollen am liebsten gleich nochmal. Die Konfrontation mit der Angst ist sehr wirkungsvoll und manchmal genügt ein Durchlauf, um sie zu überwinden. Einige Zeit später kannst du die Situation reflektieren und dich selbst fragen, was du daraus gelernt hast und in Zukunft anwenden möchtest.

Erstes Prinzip: Findet Wege aus der Angst

Seit der Corona-Pandemie hat sich die Angst verstärkt. Viele Unternehmer haben nach wie vor Existenzängste, andere wiederrum fürchten um ihren Arbeitsplatz und blicken ängstlich in die unsichere Zukunft. Erinnerst du dich noch an deine Kindheit und an deine Angst vor der dunklen Kellertreppe? Ich weiß noch sehr genau, wie es war, nicht zu wissen, was dort unten ist, habe ich allerdings den Lichtschalter betätigt, ist die Angst mit einem Mal verflogen. So ähnlich lässt sich das auf all unsere Ängste übertragen. Sind wir in Situationen, die Angst hervorrufen, sollten wir einmal innehalten und den »Lichtschalter« benutzen.

Meine Angst im Horrorhaus

Die Angst, die ich verspürte, als ich das Horrorhaus betrat, beruhte rational betrachtet auf mehreren Faktoren: Es war stockdunkel, unbekannt, vermüllt, ich wusste nicht, wohin ich trete. Diese ersten Tatsachen trugen dazu bei, dass sich ein Unwohlsein in mir ausbreitete. Dieses unangenehme Gefühl mahnte mich zur Vorsicht. Ich habe mir damals Mut zugesprochen, schließlich hatte ich auch eine Mitarbeiterin dabei und musste in einer gewissen Vorbildrolle bleiben. Aufgrund meiner Erfahrung sagte ich mir eigentlich: »Dort ist nichts Schlimmes.« Aber als ich das erste Mal den Flur betrat, habe ich gemerkt, dass es anders war als sonst – den massiven Befall mit Ungeziefer und die absolute Dunkelheit hatte ich vorher bei einem Tatort so noch nicht erlebt. Von der Magengrube aus breitete sich das Angstgefühl aus. Ich war extrem angespannt, meine Atemfrequenz hatte sich automatisch erhöht. Mein Körper hatte sich quasi verselbstständigt, ich konnte meine Atmung und meinen erhöhten Puls nicht kontrollieren. Es war ein innerer Fight zwischen meinen Gedanken und meinem Instinkt. Ich sagte mir: »Ruhig bleiben, es kann nichts passieren.« Mein Instinkt wollte mich allerdings von diesem Ort wegführen. Ich richtete den Fokus jedoch nicht darauf, was alles hätte passieren können.

Autopilot

Als der Anrufbeantworter plötzlich ansprang, während ich meine Gedanken gerade darauf konzentrierte, dass nichts Schlimmes geschehen kann, schaltete mein Stammhirn in den Kampfmodus. Bei mir hieß es, jedes Problem, das eine Gefahr darstellt, könnte körperlich gelöst werden. Was soll mir sonst passieren? Das Haus würde ja nicht plötzlich zusammenbrechen. Ich kann nirgendwo herunterfallen. Es gab nichts, über das ich mir hätte Gedanken machen müssen.

In diesem Augenblick reagierte mein Körper sofort: Ich nenne die Reaktion immer »Hühnerkombi«: Es stellt sich sofort am gesamten Körper eine Gänsehaut ein. Ich musste erstmal tief durchatmen. Ich merkte wirklich: »Alles klar, jetzt gehe ich grade in einen Kampfmodus über. Oder doch in den Fluchtmodus?« Das Adrenalin floss durch meine Adern, der Puls erreichte ungeahnte Spitzen, wie bei einem harten Work-out. Und trotzdem war es nötig, ruhig zu bleiben, um meine Mitarbeiterin nicht zu verunsichern. Ich hätte ja nicht irgendwo hochklettern können. Mir hat es geholfen, die Situation mit Humor zu sehen. Meine Angst war danach etwas gemildert. Ich schaltete in meinen Tatortreiniger-Auto-Modus. Diesen vergleiche ich immer gerne mit dem Autofahren. In den ersten Fahrstunden kommt alles auf einmal: lenken, schalten, Kupplung, Gas, den Verkehr beobachten,

Schulterblick, Blinker setzen – all diese Dinge führen wir bewusst aus. Später heißt es eigentlich nur noch, angemessen auf die Fehler der anderen reagieren, damit man keinen Unfall baut.

Dieser Automatismus oder die Routine, die ich mittlerweile beim Tatortreinigen habe, gibt mir Zeit für weitere Gedanken. Also war ich mitten in meinem Gedankenfluss, als ich den Keller des Hauses betrat. Kein Licht. Die schmale Treppe total zugemüllt. Am Ende war kein richtiger Boden zu sehen, sondern nur Berge von Müll. Unten angekommen, hüpfte mir die Ratte an den Hals. Panik. Mein Körper schaltete sofort in den Angstmodus. Ich habe geschrien, bin über den Müll gestolpert und wollte möglichst schnell weg. Es war eine Sache, der ich so nicht entgegentreten konnte. Was sollte ich gegen eine Ratte tun? Wäre es ein Typ mit einer Axt gewesen, der mich angreift, hätte ich kämpfen können. Ich packte die Ratte – quiek – und beförderte sie unsanft auf den Boden. Im Nachgang war klar, dass es ein Muttertier war, das seine Jungen beschützen wollte und ich bin mir sicher, dass sie in diesem Moment genauso viel Angst hatte wie ich und ihr Hirn ebenfalls in den Kampfmodus schaltete. Die Ratte veranlasste mich dazu, in einen evolutionären Überlebensmodus zu schalten. Sie hatte eigentlich Angst und mich angegriffen. Und ich hatte ebenfalls Angst und entsprechend reagiert, um mich von der Quelle zu entfernen.

Ich hechtete die Treppe hoch, bis ich wieder in einer sicheren Position war und meine Angst in dieser Situation reflektieren konnte. Es ging alles im Bruchteil einer Sekunde, die Entscheidung in den Kampf- und dann Fluchtmodus zu gehen.

Fatale Folgen von Angst

Viel später habe ich auch erfahren, wie sehr der Besitzer des Horrorhauses unter Angst litt. Sogar Gedichte hatte er geschrieben, in denen es um seine Krankheit ging. Er hatte Angst, noch stärker unter der Krankheit zu leiden und Angst, was das für seine Zukunft bedeutet. Meine Interpretation dieser Situation ist: Er hat sich dafür entschieden, seine Frau zu töten, damit diese nicht mitansehen musste, wie er immer mehr »verfällt«. Und auch er selbst wollte in diesem Zustand nicht weiterleben. Der Mann hat sich von seiner Angst beherrschen lassen. Er hat eine Entscheidung getroffen – die zur Flucht aus der Angst. Er machte die Angst zur Priorität und brachte die Energie auf, sich in den Kopf zu schießen. Jeder, der schon einmal eine Waffe in der Hand hatte, weiß, dass dahinter mehr steckt, als einfach »nur« abzudrücken. Es stellt eine unglaubliche Hürde dar, den Abzug wirklich zu betätigen. Für den Besitzer des Horrorhauses mündete die Angst in den Tod.

Wir alle müssen uns in schwierigen Situationen die Frage stellen: Wie viel Raum gebe ich der Angst? Lasse ich zu, dass sie mir meine Lebensqualität raubt? Bestimme ich noch über die Angst oder bestimmt sie über mein Leben? Wie viel Kraft gebe ich persönlich diesem Gefühl? Als Boxer sehe ich es so: Bekomme ich einen Schlag von meinem Gegner, muss ich zurückschlagen und im Idealfall noch einen gezielten Schlag setzen, um die Situation wieder in den Griff zu bekommen.

Was tun in akuten Angstsituationen?

Schlimmer als die Angst selbst, ist die Angst vor der Angst. Menschen, die ständig Angst davor haben, in Situationen zu geraten, die ihnen Angst machen könnten, sind nicht mehr handlungsfähig, die Lähmung ist stärker. Man könnte jetzt ganz einfach sagen: »Du musst einfach nur im Kopf umdenken. Wenn dein Wille stark genug ist, dann bekommst du das in den Griff.« Ist es wirklich immer so locker, leicht, flockig? Wie würdest du es beurteilen, wenn es um dein Leben geht? Über die Fähigkeit, in Angstsituationen umzudenken, verfügen die wenigsten Menschen und sie bedarf viel Übung.

Folgende Tipps können dir dabei helfen, in Angstsituationen ruhig zu bleiben:

Tipp 1

Atemübungen. Nicht umsonst heißt es: »Erstmal tief durchatmen«, genau das solltest du auch tun, wenn du in einer Situation Angst verspürst. Atme tiefer als gewöhnlich durch die Nase ein, halte den Atem für einige Sekunden an und atme dann durch den Mund aus. Wiederhole diese Atemübung 2- bis 3-mal beziehungsweise so lange, bis du deutlich entspannter und ruhiger bist.

Tipp 2

Kauen. Dieser Tipp mag dir im ersten Moment etwas seltsam erscheinen, aber kauen baut Stress ab und hilft nachweislich bei der Reduktion von Angst. Der Mensch pflegt Spannung und Nervosität durch Bewegung abzureagieren, dazu zählt auch das Kauen. Es kann also helfen, immer ein Päckchen Kaugummi in der Tasche zu haben und bei aufkommendem Stress und Angst zu kauen.

Tipp 3

Sprechen. Sprich mit deiner Angst und versuche, sie kleiner zu machen. Sag zum Beispiel: »Hallo Angst vor dem Arztbesuch/der Höhe/der langen Autofahrt, komm und tobe dich aus, ich weiß, dass du harmlos bist und mir nichts Schlimmes passieren wird.« Natürlich ist es schwer, sich gegen eine aufkommende Angst zu wehren, schließlich will man diesen Zustand so schnell wie möglich überwinden. Versuchst du allerdings, deine Angst mit aller Gewalt zu unterdrücken, kannst du den Kampf nicht gewinnen. Konzentriere dich auf die Situation, rede mit der Angst und versuche, sie gleichgültig werden zu lassen, so nimmst du ihr die Macht.

Tipp 4

Ablenkung. Droht die Angst in einer Situation übermächtig zu werden, dann hilft vor allem Ablenkung. Schau dir deine Umgebung an, konzentriere dich auf die Geräusche und Gerüche deiner Umwelt. Unterhalte dich mit jemandem in der Nähe oder rufe einen Freund oder ein Familienmitglied an, das dich ablenkt. Musik kann ebenfalls helfen, auf andere Gedanken zu kommen. Spiel deinen Lieblingssong, singe mit und denke an etwas Angenehmes.

Tipp 5

Bewegung. Ähnlich wie beim Kauen hilft Bewegung in Angstsituationen. Der erste Impuls mag zwar sein zu erstarren – aber davon solltest du dich lösen. Gehe umher, tanze, mache ein Work-out, gehe Spazieren. Die Bewegung hilft, den Stress abzubauen und die Angst zu reduzieren.

Aufgrund meiner Erfahrungen weiß ich, dass bei Angst zwei Punkte entscheidend sind:

- **Akzeptanz**
  Nimm die Situation an. Es ist grade so, wie es ist, und du kannst es erst einmal nicht ändern. Geh einen Schritt zurück und mache dir bewusst, dass du gerade Angst hast.
- **Handeln**
  Werde aktiv. Ob Angriff, Flucht oder »Ertragen«, sei jetzt mal dahingestellt. Du entscheidest selbst, wie du mit deiner Angst umgehen möchtest.

Kann Angst Spaß machen?

Angst und Spaß sind zwei Begriffe, die sich zunächst auszuschließen scheinen. Doch nehmen wir einmal die Geisterbahn oder den Horrorfilm. Meist begeben wir uns freiwillig in diese Situation, um uns zu gruseln. Was passiert, wenn wir uns erschrecken? Manche Menschen erschrecken in der Geisterbahn so, dass sie um sich schlagen oder erstarren – doch am Ende lachen wir doch über unsere eigene Angst in dieser kontrollierten Situation. Wir lieben es, uns zu gruseln und Angst zu haben – sonst gäbe es weder Achterbahnen noch Horrorfilme oder Ähnliches. Wir wollen in diesen Angstzustand, weil er biochemisch ein Feuerwerk in unserem Körper auslöst. Also warum nicht bei der nächsten Angstsituation diesen Effekt nutzen? Allerdings ist es wichtig, sich bewusst zu machen, dass die Situation grundsätzlich nicht lebensgefährlich ist.

Kommunikation mit sich selbst

Im Grunde befinden wir uns jeden Tag in Gesprächen mit uns selbst. Wir sind der Mensch, mit dem wir am meisten »reden«. Wir haben verschiedene Persönlichkeitsanteile, die im permanenten Austausch miteinander stehen. Du hast bestimmt schon vom inneren Kind gehört. Neben dem Kind gibt es auch den inneren Beschützer, der uns davor bewahren will, dass wir verletzt werden. Es gibt den Kritiker, der ständig hinterfragt, ob das, was wir tun, richtig ist. Selbstverständlich sind wir auch in Angstsituationen im Gespräch mit uns selbst. Stelle dir das nächste Mal in so einer Situation folgende Fragen:

- Was hat meine Angst ausgelöst?
- Was kann schlimmstenfalls in dieser Situation passieren?
- Was will ich dagegen unternehmen?
- Welche Möglichkeiten habe ich, um die Angst zu überwinden?
- Wie werde ich zukünftig auf ähnliche Situationen reagieren?

Ich selbst habe mir diese Fragen auch schon gestellt. Grundsätzlich bin ich kein ängstlicher Typ, das könnte ich mir schon aufgrund meines Jobs als Tatortreiniger nicht leisten. Dennoch kämpfe ich mit Höhenangst. Ein Beispiel: Ich stehe auf dem Eiffelturm und weiß, dass dieser Angstzustand kommen wird, wenn ich hinunterschaue. Jahrelang schon arbeite ich daran und es wird immer besser, aber so ganz möchte dieses Gefühl noch nicht verschwinden. Meine Angst besteht vor allem darin, dass der Turm zusammenbrechen könnte – eigentlich totaler Schwachsinn, denn das Ding steht schon seit 132 Jahren. Höhenangst (in verschiedenen Fachsprachen auch Akrophobie, Hypsophobie oder Altophobie) äußert sich bei mir in erster Linie darin, dass ich Angst habe, den Boden unter den Füßen zu verlieren. Ich habe keine Angst, von der Brüstung zu fallen oder dass der Fahrstuhl steckenbleibt.

Im Gegensatz zu der Angst vor dem Unbekannten wie im Horrorhaus weiß ich genau, welche Angst hier auf dem Eiffelturm auf mich zukommt – und ich muss sagen, dass es mich mittlerweile selbst gewaltig nervt. Ich stehe oben, Paris zu meinen Füßen, doch ich kann diesen atemberaubend schönen Ausblick nicht genießen. Für viele Menschen bleibt das, was ich gerade erlebe, ein Traum, der sich nicht erfüllt. Einmal den Blick über die Stadt schweifen zu lassen, wäre für sie das größte Geschenk und ich stehe hier und ich kann vor lauter Angst nichts genießen. Ich frage mich: Wie stark lasse ich dieses Gefühl zu? Ein Lösungsansatz ist in diesem Fall für mich schlichtweg Ablenkung: Schaffe ich es, mich nicht darauf zu fokussieren, dass das Ding zusammenklappt, sondern konzentriere ich mich auf den schönen Blick, verliert die Angst an Macht.

Wir sind alle anders

»Du Weichei«, »Warum hast du denn Angst vor dem bisschen ...«, »So schlimm ist das jetzt auch wieder nicht.«. Sätze wie diese hast du vielleicht auch schon einmal gehört. Anhängern der bekannten TV-Show *Ich bin ein Star, hol mich hier raus* ist mitunter schon aufgefallen, dass die Teilnehmer der Show sehr unterschiedlich auf die ihnen gestellten Aufgaben reagieren. Die einen stellen sich scheinbar furchtlos allerlei Getier und die anderen verfallen regelrecht in Panik. Natürlich ist für den Zuschauer der Unterhaltungswert dieser Teilnehmer höher, aber wir sollten uns bewusst machen, dass jeder Mensch unterschiedlich auf Situationen reagiert, die ihm Angst machen.

Ein Beispiel hierfür ist folgende Episode, die uns im Alltag jederzeit begegnen könnte. Stell dir vor, du gehst mit einem guten Freund spazieren und euch kommt ein großer Hund entgegen, der nicht angeleint ist. Du siehst die Situation entspannt, denn du bist mit Hunden aufgewachsen und magst sie. Dein Freund hingegen entwickelt Angstgefühle, denn er wurde als Kind von einem gebissen. Die große Angst, die dein Freund verspürt, ist nicht auf diesen einen Hund zurückzuführen, sondern auf seine schlechten Erfahrungen in der Vergangenheit. Anstatt deinem Freund jetzt Vorwürfe zu machen, warum er so ängstlich ist, solltest du vielmehr akzeptieren, dass er auf andere Art und Weise auf Hunde reagiert und ihn in dieser Situation unterstützen.

Wir können niemandem seine Gefühle absprechen. Wir müssen diese akzeptieren und ernstnehmen, wie sich unser Gegenüber gerade so fühlt. Ob das richtig oder falsch ist, kann niemand beurteilen. Eine Reaktion auf eine bestimmte Gegebenheit basiert immer auf den jeweiligen individuellen Erfahrungswerten, der Persönlichkeit und den Glaubenssätzen. Jedes Gefühl hat seine Daseinsberechtigung. Und es steht uns nicht zu, darüber zu urteilen, wie unsere Mitmenschen Ängste empfinden.

Es macht Angst – macht aber nichts

Jeder kennt Angst – es gibt immer Situationen, die uns Angst machen. Und das ist für mich nicht nur, auf dem Eiffelturm zu stehen und herunterzusehen. Auch eine andere Situation hat bei mir Angst ausgelöst. Ich musste als Zeuge vor

Gereicht aussagen und hatte wirklich Schiss. In meinem Hals bildete sich ein dicker Kloß, ich begann zu zittern, hatte Angst, ohnmächtig zu werden, hatte Schwindelgefühle. Da stand ich mit meinen zwei Meter Körpergröße und 120 Kilo – und hatte Angst wie ein Kaninchen vor der Schlange. Dieses Gefühl war erstmal da und nicht wegzureden. Für mich war es entscheidend zu sagen: »Wie gehe ich jetzt damit um?« Ich habe mir einfach gesagt: »Scheiß drauf, dann ist es halt so. Mal sehen, ob ich wirklich umkippe.« Wenn ich hier jetzt zusammenklappe, dann ist es so, dann werde ich eben »gefressen«, ich renne nicht weg, ich kämpfe nicht, ich liefere mich der Situation aus und warte ab, was passiert. Ausharren ist neben Flucht und Angriff eine weitere Möglichkeit, mit Angst umzugehen. Manchmal hilft es, einfach zwei Schritte zurückzutreten, eine Vogelperspektive einzunehmen und die Dinge, die gerade stattfinden, wie ein Außenstehender zu betrachten. Grenze deine Gefühle dann näher ein: Wo sitzt die Angst? Was brauchst du in diesem Moment? Was will dir deine Angst sagen? Im nächsten Schritt kannst du dich fragen, was du mit diesen Informationen anfangen und ob und wie du ins Handeln kommen kannst.

Aus Angst lernen

Eine der elementarsten Erkenntnisse zum Thema Angst, die für mich wichtig ist, lautet: Wir müssen akzeptieren, dass wir Angst haben und müssen diesem Gefühl Raum geben, um es zu verarbeiten und um daraus für künftige Situationen zu lernen. Jedes Gefühl gehört zu uns – Angst ist kein Zeichen von Schwäche, sondern sie hilft uns, Gefahrensituationen besser zu beurteilen.

Merken wir, dass wir in einer Angstsituation vielleicht »falsch« reagiert haben, so hilft es, darüber nachzudenken, warum wir so gehandelt haben und welchen Lösungsansatz wir beim nächsten Mal anwenden können.

Wir müssen uns auch fragen, welche Relevanz die jeweilige Art von Angst in unserem Leben hat? Die Furcht vor der Spinne im Wohnzimmer hat wahrscheinlich eine geringere Relevanz und lässt sich leicht überwinden, weil sich der Auslöser schnell beseitigen lässt. Der Angst vor der Zukunft, um unseren Arbeitsplatz, vor dem Klimawandel oder anderen gesellschaftlichen Problemen räumen wir wahrscheinlich mehr Wichtigkeit ein. Wir entscheiden jedoch immer selbst, wie wir damit umgehen. Immer. Die Zukunftsangst lässt sich eben nicht so leicht entfernen wie eine Spinne, also hilft uns nur, uns aktiv damit auseinanderzusetzen – im Selbstgespräch, im Gespräch mit Freunden oder einem Coach.

Wenn ich mittlerweile vor etwas Angst habe, bin ich in der Lage, sie einzuordnen und mit dem Thema dann aktiv umzugehen. Das heißt, ich ergreife automatisch die Initiative und handele. Ich lasse nicht zu, dass sich alles nur in meinen Gedanken abspielt. Es gibt nur zwei Entscheidungen: Ich stelle mich der Angst oder ich weiche ihr aus. Ich bewerte hier jede Situation einzeln, denn nicht immer geht es, in den Kampf- oder Fluchtmodus zu schalten. Darüber hinaus müssen wir unterscheiden, ob wir die Angst selbst wählen oder sie uns »aufgezwungen« wird. Halte ich zum Beispiel eine Rede vor vielen Zuschauern und habe Angst zu versagen, dann habe ich diese Angst selbst gewählt, denn niemand wird mich dazu zwingen, auf die Bühne zu gehen. Aber natürlich gibt es auch viele Ängste in unserem Leben, denen wir ausgeliefert sind. Wie zum Beispiel das Ereignis mit der Ratte, die mir aus dem Nichts auf die Schulter sprang. Diese Situation war so nicht beabsichtigt oder gewollt herbeigeführt.

Auf selbst gewählte Situationen können wir uns in der Regel gut vorbereiten. Habe ich mit Lampenfieber zu kämpfen, so kann es helfen, meine Rede vorab vor Freunden zu halten. Ich kann wichtige Stichpunkte notieren, um nicht den Faden zu verlieren und bekannte Tricks anwenden, wie mir vorzustellen, dass jeder im Publikum nackt ist. Plötzlich auftretende Angstsituation lassen keine Vorbereitung zu – hier muss ich auf meine Erfahrung zählen. Deshalb ist es wichtig, dass du Erfahrungen mit Ängsten sammelst, um für dich den optimalen Weg zu finden, damit umzugehen.

Wir lernen in Momenten der Angst viel über uns selbst und darüber, wie wir zukünftig mit solchen Situationen umgehen. Daraufhin können wir einen Plan entwickeln. Hast du eine gute Lösung gefunden, um mit deiner Angst umzugehen, dann schreibe sie auf. Führe dir Schritt für Schritt vor Augen, wie du in dieser Situation reagiert hast und verinnerliche die einzelnen Punkte. Sich seinen Ängsten zu stellen, ist nicht leicht und im ersten Moment unangenehm. Aber überlege dir einmal, was die Alternative dazu ist. Stell dir vor, wie dein weiteres Leben verlaufen wird, wenn du dich deinen Ängsten nicht stellst. Wie würdest du dich fühlen, wenn du Großartiges verpasst, nur weil du Angst davor hast? Hast du schon einmal darüber nachgedacht, welche Erfahrungen du nicht gemacht hast, nur weil du dich vor etwas gefürchtet hast? Ist dir bewusst, wie sehr deine Lebensqualität darunter leiden wird, wenn du in ständiger Angst lebst? Mit Sicherheit machen sich gerade keine guten Gefühle in dir breit. Drehe das Ganze einmal um und stelle dir vor, wie glücklich, erfüllt und reich dein Leben sein wird, wenn du deine Ängste überwindest. Mit wie viel mehr Spaß du deinen Alltag erleben wirst, wenn du ihnen nicht mehr Raum gibst als nötig.

Bedenke, dass Angst uns immer auch riesige Chancen bietet. Sie sichert seit jeher das Überleben der Menschen – hätten unsere Vorfahren keine Angst vor gefährlichen Tieren gehabt, würden wir heute nicht existieren. Nutzen wir die Angst für uns, hilft sie uns, unsere Persönlichkeit weiterzuentwickeln. Was passiert, wenn du die Angst in einer bestimmten Situation überwunden hast? Du verspürst ein Gefühl der Erleichterung, bist stolz auf das, was du geleistet hast. Du wirst stärker werden, wenn du dich in einem positiven Sinne mit deiner Angst auseinandergesetzt hast, und deine Lebensqualität wird besser. Probier's einfach aus.

Mutiger werden

Wie würde dein Leben aussehen, wenn du mehr Mut hättest? Würdest du vielleicht einen anderen Job haben? Wärst du weniger frustriert, weil du dich traust, anderen deine Meinung zu sagen?

Allgemein betrachtet bedeutet Mut, dass du dir etwas Schwieriges zutraust. Stehst du vor einer Herausforderung und weißt nicht, ob du sie bewältigen kannst, dann ist es mutig, auf deine Fähigkeiten zu vertrauen. Im Alltag können auch banale Dinge unseren Mut herausfordern, zum Beispiel der Besuch beim Zahnarzt oder das unangenehme Gespräch mit dem Chef.

Folgende Tipps helfen dir, mutiger zu sein:

Tipp 1

Höre auf deine Intuition. Versuche einmal auszublenden, was andere von dem, was du tust, halten. Richte dich einzig und allein nach dem aus, was für dich richtig ist. Sprich klar aus, was dir gefällt und was dich stört. Bist du unsicher, wie du das anstellen sollst, dann übe vor einem Spiegel, wie du deine Körperhaltung, Mimik und Gestik einsetzen kannst, um deinen Worten Nachdruck zu verleihen.

Tipp 2
Glaube an dich. Wir sind uns manchmal gar nicht darüber im Klaren, was wir im Stande sind zu leisten. Wir misstrauen unseren eigenen Fähigkeiten und haben Angst, sie einzusetzen. Vielleicht steckt eine negative Erfahrung dahinter oder du nimmst dich absichtlich zurück, damit niemand zu hohe Erwartungen an dich stellt. Mutige Menschen glauben an sich und ihre Fähigkeiten – also vertraue dir und dem, was du kannst.

Tipp 3
Nicht alles absegnen lassen. Ein großes Bedürfnis von uns ist dazuzugehören. Wir möchten Teil einer Gruppe sein und akzeptiert werden. Um dieses Gefühl nicht in Gefahr zu bringen, stimmen wir oft der Mehrheitsmeinung zu und machen vielleicht Dinge, von denen wir selbst gar nicht überzeugt sind. Achte darauf, ob dieses Verhalten überhandnimmt und du dir deine Entscheidungen innerhalb deines Netzwerks »absegnen« lässt. Mach dir bewusst, dass es immer Menschen gibt, denen du es nicht recht machen kannst.

Tipp 4
Sprich darüber. Manchmal hilft es allerdings doch, die Meinung von anderen einzuholen, bevor du eine mutige

Entscheidung triffst. Du hast schon die möglichen Konsequenzen deiner Entscheidung abgewogen und bist dir der Risiken bewusst, traust dich aber noch nicht, den entscheidenden Schritt zu machen? Dann sprich darüber mit einer Person deines Vertrauens, erläutere, was du vorhast. Vielleicht kann dir dieser Mensch noch einmal eine Perspektive aufzeigen, die du bisher nicht bedacht hast. Daraus kannst du neue Schlüsse ziehen, die deine Entscheidung stützen.

Tipp 5

Jetzt. Kennst du diese Momente, in denen du besonders mutig bist? Nutze sie, denn morgen sieht es eventuell schon wieder ganz anders aus. Selbstverständlich solltest du nicht überstürzt handeln, aber wenn du dir etwas vorgenommen hast, dann nutze die Energie, um es auch zu tun. Vereinbare sofort den Termin, den du vor dir hergeschoben hast. Suche das Gespräch, das du schon lange führen wolltest. Je mehr Zeit du verstreichen lässt, desto unwahrscheinlicher wird es, dass du wirklich tust, was du dir vorgenommen hast.

KAPITEL 2
SCHMERZ

Der Tatort – die Toten in der Jagdhütte

Wir waren alle mal jung (oder sind es auch noch). Erinnere ich mich an meine Jugend, dann feierten auch wir die eine oder andere wilde Party. Wir haben vieles ausprobiert. Das gehört einfach zur Jugend dazu. Leider passiert es immer wieder, dass solche Partys außer Kontrolle geraten, manchmal sogar mit tödlichen Folgen ...

Ich bekam den Anruf von einer Frau, die mich mit der Reinigung einer Jagdhütte beauftragte. Sie wirkte dabei sehr gefasst. Im ersten Moment dachte ich an einen typischen Jagdunfall – vielleicht wurde jemand angeschossen, von einem Tier verletzt oder hat sich beim Ausnehmen eines erlegten Tieres mit einem Messer selbst verletzt.

Doch Frau Koch am anderen Ende der Leitung hatte einen gewissen Ton in der Stimme. Hinter diesem Auftrag verbarg sich mehr als nur ein Unfall. Ich spürte, dass es tiefgreifender sein musste, denn es ist sehr ungewöhnlich, dass bei einem Todesfall die Hinterbliebenen selbst anrufen und die Reinigung beauftragen. Noch konnte ich nicht ahnen, was hier wirklich passiert war.

»Wie komme ich zur Jagdhütte?«, »Wo finde ich den Schlüssel?«, »Gibt es etwas Spezielles zu beachten?«. Bevor ich loslegen kann, müssen diese Fragen geklärt sein. Frau Koch gab mir die nötigen Informationen und teilte mir mit, dass ihr Mann ebenfalls vor Ort sein würde. Ich sollte ihm aber nicht so viele Fragen stellen, denn er habe die Situation nicht so gut verkraftet. »Was ist denn passiert?« Das war entscheidend. Mein Gefühl sagte mir, dass hier mehr vorgefallen war als ein »normaler« Jagdunfall. Sie begann zu erzählen: »Mein Sohn, seine Freundin und zwei weitere Freunde, alle im Alter von 16 bis 18 Jahren, sind in dieser Jagdhütte verstorben.« Im ersten Moment musste ich schlucken und dachte an meine eigenen Kinder.

Bei vier toten Jugendlichen in einer Jagdhütte muss ich unweigerlich an einen schlechten Horrorfilm denken. Das war mit Sicherheit kein Unfall. Vielleicht gab es einen Irren, der im Wald umherlief und die Jugendlichen zerstückelt hat. Doch so eine Geschichte wäre wahrscheinlich schon längst von den Medien breitgetreten worden. Ich verwarf diesen Gedanken so schnell, wie er gekommen war.

Mir fiel es schwer, weiter nachzufragen, was genau denn passiert sei. Die Anruferin wirkte absolut abgeklärt, keine Schluchzer, kein Wegbrechen der Stimme. Dennoch spürte ich bei jedem Wort, wie tief getroffen sie war. Ich fasste mir ein Herz und frage nach dem konkreten Hergang. Um die Reinigung fachmännisch zu planen, ist es für mich relevant zu wissen, was mich am Tatort erwarten würde. Frau Koch erzählte mir, dass die Kids eigentlich gar nicht in der Jagdhütte hätten sein dürfen. Sie hatten den Eltern etwas anderes erzählt, um dort ungestört feiern zu können. Die Party entwickelte sich allerdings ganz anders und am Ende waren die vier Jugendlichen tot. Die Ursache war nicht etwa ein Drogenrausch oder ein Gewaltverbrechen, sondern ein Unglück aufgrund des Kamins. Die Kids waren in Folge einer CO_2-Vergiftung gestorben. Drei Tage lagen sie bei sommerlichen Temperaturen in der Hütte, bevor ein Förster sind fand. Gerade bei einer CO_2-Vergiftung entwickelt der verwesende Körper schnell einen ekelhaften Geruch. Durch die chemischen Prozesse, die sich dabei abspielen, war es nicht der übliche Leichengeruch, der mich hier erwartete. Ich konnte mir ungefähr ausmalen, wie weit der Verwesungsprozess schon fortgeschritten sein musste.

Ankunft im Wald

Die Hütte lag auf einer Lichtung. Sie war wunderschön und erinnerte an eine Berghütte wie im Bilderbuch. Umsäumt von einer Steinmauer stand sie dort, als wäre nichts gewesen. Ich fuhr vor und parkte mein Auto auf dem feinen Kiesboden.

Vor Ort erwartete mich bereits Herr Koch, der Besitzer der Jagdhütte und Vater eines der verstorbenen Jugendlichen. Er begrüßte mich, und obwohl ich ihn bat, nicht mitzukommen, ließ er es sich auf keinen Fall nehmen, mit in die Hütte zu gehen. Das war ein Fehler. Ich konnte ihn jedoch nicht davon abbringen. Für jemanden, der noch nie einen Tatort gesehen hat und noch dazu persönlich betroffen ist, ist es immer ein Schock. Ich fragte nochmals nach: »Trauen Sie sich das wirklich zu?« Ich hatte schon ein komisches Bauchgefühl. Herr Koch sagte, er müsse mit eigenen Augen sehen, was passiert war.

Gemeinsam betraten wir den einzigen Raum. Das Herzstück bildete ein großer Tisch, der Platz für mindesten zehn Personen bot, die Holzstühle waren mit Polsterkissen versehen. Alles war typisch für eine Jagdhütte: Geweihe an der Wand, rustikales Ambiente, viel Holz. Die Spuren der Party waren ebenfalls nicht zu übersehen. Überall lagen Essensreste herum, leere Wodkaflaschen waren achtlos auf dem Boden verteilt, eine farbefrohe Bong stand auf dem Tisch. Auf einem der Stühle konnte ich die Spuren eines Leichnams erkennen. Es gab noch eine verzierte Eckbank mit gemusterten Polstern. Darauf erkannte ich den nächsten Abdruck, den eine der Leichen hinterlassen hat, ihren Leichenfleck. Vor dem großen Kamin mit Steinsims befand sich eine lange Holzbank, auf der sich die beiden anderen Leichen abzeichneten.

Der Geruch war kaum zu ertragen. Es stank abartig, etwa vergleichbar mit dem Geruch von Meerrettich – nur dass dieser weitaus angenehmer ist. Gerade bei Leichenfunden durch CO_2-Vergiftung ist der Geruch so intensiv, dass man sich entweder sofort übergibt oder es keine fünf Minuten in dem Raum aushalten würde.

Die Leichenabdrücke auf dem Boden vor dem Kamin waren bereits schwarz. Ich überlegte kurz, ob hier nicht vielleicht einer der Jugendlichen verbrannt war, doch es gab keine Brandspuren. Eine weitere Vermutung war, dass die Liegedauer weit mehr als die angegebenen drei Tage war.

Plötzlich hörte ich hinter mir ein unangenehmes Krachen. Herr Koch war zusammengebrochen. Mir war klar, dass das passieren würde. Mitten im Wald, ohne Funkkontakt und zur damaligen Zeit auch noch ohne Handy, gab es für mich keine Möglichkeit, schnell Hilfe zu organisieren. Also stand ich dort zwischen Leichenfunden und einem am Boden liegenden Ohnmächtigen. Mein persönlicher Stresslevel stieg weiter. Nach einigen Minuten kam er wieder zu sich. »Fahren Sie bitte nach Hause! Das bringt hier alles nichts«, bat ich Herrn Koch und brachte ihn aus der Hütte. Er bestand allerdings darauf, draußen auf mich zu warten. Obwohl ich ihm klarmachte, dass ich diese Reinigung nicht an einem Tag durchführen konnte, blieb er dort.

Bis in den Fußboden

Zurück in der Jagdhütte verschaffte ich mir weiter einen Überblick. Die Leichenflüssigkeit war bereits teilweise in den Fußboden eingezogen. Es half alles nichts, der Holzboden musste definitiv raus. Auch die Sitzbank war nicht mehr zu retten. So gut wie alles musste hier aufgrund der Kontamination mit Leichenflüssigkeit und -masse entsorgt werden – sogar alles von den Wänden musste runter, denn es bestand keine andere Möglichkeit, den penetranten Geruch daraus zu entfernen. Ich räumte und räumte bis die Hütte fast komplett leer war. Die Eltern stimmten zu, dass alles rausfliegen konnte, denn sie würden die Hütte nach der Reinigung ohnehin nie wieder betreten. »Die Hütte wird verkauft. Selbst wenn sie Familienbesitz ist, kommt sie weg.«

Den Tod nicht verkraften

Einige Zeit nach der Reinigung wurde ich erneut von Familie Koch kontaktiert. »Meine Frau hat unser Haus verwüstet. Könnten Sie kommen und uns dabei helfen, aufzuräumen und das Chaos zu bereinigen?« Die Geschehnisse in der Jagdhütte lagen ungefähr ein Dreivierteljahr zurück, doch anscheinend hatten die Eltern den Tod ihres Sohnes noch nicht verarbeitet. Ich machte mich auf den Weg zum Reihenhaus der Kochs. Dort erwartete mich das reine Chaos. Alles war durcheinander. Die Küche glich einem Schlachtfeld. Lebensmittel waren auf den Boden geschmissen worden. Alles, was kaputt gehen konnte, war kaputt. Ich kenne diese Bild sonst nur von Einbrüchen oder wenn eine Party ausartet, doch im normalen Alltag kommt so etwas nur äußerst selten vor. Die Mutter war hier wohl richtig ausgerastet. Die Couch im Wohnzimmer war mit einem Messer aufgeschlitzt worden. Vasen waren umgeworfen, das Regal von der Wand gerissen worden. Mit blutunterlaufenen Augen sah mich Frau Koch müde an, und ich hatte nur noch einen Wunsch, ihr zu helfen. Ich fand mich plötzlich in der Lebensgeschichte zweier Menschen wieder, die unglaublich litten. Ich hatte bereits weggeräumt, was von ihrem Kind übriggeblieben war. Bei dieser zweiten

Begegnung habe ich lange mit den beiden über ihren tiefen seelischen Schmerz gesprochen. »Ich werde wohl mein Leben lang nicht darüber hinwegkommen«, seufzte Frau Koch.

Neben dem seelischen Schmerz, der durch den Tod eines geliebten Menschen verursacht wird, gibt es auch immer wieder Tatorte, die mit körperlichem Schmerz verbunden sind. An dieser Stelle möchte ich exemplarisch die Geschichte eines Mannes erzählen, der nicht nur seelische, sondern auch körperliche Schmerzen erlitten hatte. Diese Geschichte berührte mich persönlich sehr, denn ich hatte viel Kontakt zu Jürgen und ihn ins Herz geschlossen. Dreimal sollte er innerhalb weniger Jahre zu meinem »Kunden« werden und auch in der Zwischenzeit telefonierten wir immer mal wieder.

Der erste Auftrag

Der erste Auftrag von Jürgen führte mich in eine typische 1980er-Jahre-Reihenhaussiedlung. Gepflegte Häuser säumten die Straße mit ihren kleinen Vorgärten. An einem Reihenendhaus erreichte ich mein Ziel und bewunderte zunächst die schönen Rosen und Tulpen – eine wahre Frühlingspracht. Was mich hierher führte, war nicht etwa der Kunde selbst, sondern seine Frau, die im Haus gestürzt war. Jürgen brauchte mich als Tatortreiniger, weil so viel Blut auf dem Boden war, dass er selbst es nicht mehr wegbekam. Schon bei der Begrüßung merkte ich, wie aufgelöst er war. Seine Frau lag noch im Krankenhaus und Jürgen machte sich große Sorgen um ihren Gesundheitszustand.

Hinter der Haustür konnte ich sofort die Blutlache sehen, sie war nicht gerade klein. Eine Fläche von etwa einem Quadratmeter entspricht einer großen Menge Blut von zirka zwei Litern. Wenn man zum Beispiel eine Literflasche Wasser auf den Boden schüttet, ergibt selbst das keine so große Lache. Die Geschichte der beiden interessierte mich und so erzählte mir Jürgen von seinem Leben. Er war 55 Jahre, Frührentner und früher bei der Polizei tätig gewesen.

An diesem Tag war seine Frau im ersten Stockwerk gewesen, in einem kleinen Lesezimmer, er in seinem Arbeitszimmer. Sie hatte über Kopfschmerzen geklagt und eine plötzliche Sehstörung. Daraufhin wollte sie herunter in die Küche und ein Glas Wasser holen. Sie schaffte es allerdings nur noch bis zur ersten Treppenstufe, wollte sich noch am Geländer festhalten und rief nach ihm. In dem Augenblick, in dem er aufgestanden war und in den Hausflur eilte, war sie schon zusammengebrochen und dabei die Treppe heruntergestürzt. Sie hatte sich überschlagen und ist am Fuß der Treppe auf dem Fliesenboden unglücklich mit dem Kopf aufgeschlagen. Dabei zog sie sich eine stark blutende Platzwunde zu. Jürgen hatte sofort einen Krankenwagen gerufen, der glücklicherweise sehr schnell vor Ort war und sie ins Krankenhaus brachte.

Leider war die Platzwunde nicht die einzig schmerzhafte Verletzung. Wie sich herausstellte, rührten die Kopfschmerzen, das Schwindelgefühl und die Sehstörungen von einem schweren Schlaganfall her. Jürgen saß da wie ein Häufchen Elend. Er tat mir leid, deshalb habe ihn erstmal in den Arm genommen und im gesagt, er solle sich nicht so viele Gedanken machen. Er habe ein ungutes Gefühl, erzählte er mir. Dabei habe er sich schon so drauf gefreut, gemeinsam mit Annemarie seine Frührente zu genießen. Ich legte mit der Reinigung los, dabei erzählte er mir, wie sie sich kennengelernt hatten.

Die Reinigung im Flur des ersten Stockwerks war kein großes Problem. Aber das Blut, das über die Raufasertapete die Wand heruntergelaufen und dann auf den Boden getropft war, stellte eine Herausforderung dar. Auch der Kellerbereich, der mit Teppichboden ausgelegt war, musste gereinigt werden. Dementsprechend dauerte der ganze Prozess seine Zeit. Während ich arbeitete, setzte sich Jürgen mit einem Campingstuhl in meine Nähe und sah mir zu. Das Blut schien ihm nichts auszumachen. Ich glaube, er wollte sich von seinen Sorgen ablenken und brauchte jemanden zum Reden. Während ich den Keller reinigte, hörte ich mir seine Zukunftspläne an.

Die beiden hatten auf ein Wohnmobil gespart und wollten auf Reisen gehen. Jetzt, wo sie Zeit hätten, hatten sie geplant, die Welt ein bisschen zu erkunden. Seine Frau wollte demnächst ihr Berufsleben beenden, beide planten schon ihre Touren durch Europa und darüber hinaus. Es tat ihm sichtlich gut, über diese Pläne zu sprechen. Jürgen war mitten in seinen Erzählungen, als das Telefon klingelte. Das Krankenhaus rief an. Annemarie hatte gerade erneut einen Schlaganfall erlitten und war verstorben.

Ich wusste in diesem Moment nicht, was ich sagen sollte. Jürgen machte sich Vorwürfe: »Oh Gott, jetzt war ich hier bei Ihnen, statt bei meiner Frau im Krankenhaus. Dort hätte ich sein müssen.« Das stimmte mich extrem traurig. Er war fix und fertig und ich bot ihm an, die Reinigung abzubrechen und an einem anderen Tag fortzusetzen. »Wissen Sie, jetzt ist es auch egal. Machen Sie Ihren Job fertig.« Er ging die Treppe hoch ins Wohnzimmer. Dort begann er, herzzerreißend zu weinen. Ich hörte, »Warum, warum, warum?«. Diesen Moment werde ich nie vergessen. Seine Schreie und sein Weinen gingen durch Mark und Bein. Gerade noch hatten wir unsere Gespräche mit ein bisschen Humor aufgelockert und nun schlug die Realität des Lebens mit voller Härte zu. Auf einmal war gar nichts mehr lustig. Jürgens Schmerz über den Verlust seiner geliebten Frau hat mich sehr mitgenommen. Doch auf seinen Wunsch hin bin ich erst nach Hause gefahren, nachdem ich meinen Auftrag komplett erledigt hatte.

Ein Dankesbrief

Ein paar Tage später erhielt ich von ihm einen Brief mit einem Scheck über die Rechnungssumme. Er bedankte sich nochmals herzlich bei mir, dass ich ihm in dieser schweren Stunde zur Seite gestanden, ihn gedrückt und ihm zugehört habe. Danach schrieb Jürgen immer mal wieder, dass er zuversichtlich sei, den Schmerz der Trauer zu überwinden. Er würde jetzt alleine auf Weltreise gehen. Kurz vorher stand allerdings noch ein Besuch bei seinem Sohn an.

Wir haben immer wieder Kontakt gehalten und es interessierte mich wirklich, wie Jürgen mit diesem tragischen Schicksalsschlag umgegangen ist. Irgendwann erhielt ich einen Brief von ihm, in dem er schrieb, dass er im Krankenhaus liegt und ob ich ihn nicht einmal besuchen möchte. Auf dem Weg zu seinem Sohn hatte er einen schweren Verkehrsunfall mit seinem Wohnmobil gehabt und musste jetzt leider wahrscheinlich dauerhaft im Rollstuhl sitzen. Das war für mich sehr hart. Ich konnte mir nur annähernd vorstellen, welche körperlichen und seelischen Schmerzen er gerade durchmachte.

Wie hart es manche Menschen im Leben trifft, ist für mich schwer zu verstehen. Der Mann verliert erst seine Frau, mit der er glücklich war und schöne Zukunftspläne hatte. Kaum hat er sich davon ein bisschen erholt, trifft ihn das Schicksal erneut und nimmt ihm die Beine. Das einzig Positive war, dass er durch seinen Unfall wieder eine Beziehung zu seinem Sohn aufbauen konnte. Der damals 30-Jährige war verheiratet und hatte ein kleines Kind. Der Tod seiner Mutter hatte die beiden aus der Bahn geworfen und das Verhältnis zwischen Vater und Sohn stark negativ beeinflusst.

Ich besuchte Jürgen noch zwei- oder dreimal im Krankenhaus. Er hatte sich dazu entschlossen, sein Haus und sein Wohnmobil zu verkaufen und zu seinem Sohn zu ziehen. Er war mobil eingeschränkt und auf Hilfe angewiesen, wobei sein Sohn und dessen Familie ihn unterstützen konnte. Es wurde ein bisschen ruhiger, aber hin und wieder erhielt ich einen netten Brief von Jürgen.

Der zweite Auftrag

Etwa ein Jahr später rief mich Jürgens Sohn an: »Herr Engel, Sie müssen bitte vorbeikommen. Wir brauchen Sie als Reiniger.« Einerseits freute ich mich darauf, die beiden wiederzusehen und andererseits fragte ich mich natürlich, was es dort zu reinigen gäbe.

Jürgen hatte durch seinen Unfall starke Schmerzen und nahm Morphium und andere Schmerzmittel mit extremen Nebenwirkungen. Eine davon ist, dass sich die Darmtätigkeit mehr oder weniger einstellt. Manchmal helfen sogar Abführmittel nicht mehr und man muss eine Darmspülung vornehmen. Soweit war es auch bei Jürgen. Er hatte sich aus seiner Not heraus selbst helfen wollen und dabei eine große Sauerei veranstaltet. Über seine ganze Wohnebene lag Kot verteilt. Er hatte noch versucht, die Treppe hochzukriechen, um etwas zum Saubermachen zu holen. Dabei rutschte er wieder nach unten und verschlimmerte die Verschmutzung noch weiter.

Ich habe also alles sauber gemacht. Zu diesem Zeitpunkt hatte Jürgen länger keine Medikamente mehr genommen, so dass er im Kopf tatsächlich recht klar war. Dennoch spürte ich seine Unruhe und fragte ihn, warum er so starke Schmerzmittel nehmen würde. Er druckste etwas herum und meinte, er habe Schmerzen in der Schulter und der Rücken würde ihm auch wehtun. Durch unsere vorangegangenen Gespräche kannte ich ihn schon recht gut und ahnte, dass er nicht ganz die Wahrheit sagte. Darauf angesprochen, bestätigte er mir, dass er die Medikamente brauchte, um klarzukommen. Er sei noch nicht über den Tod seiner geliebten Annemarie hinweg. Ich war schockiert. Ich sagte ihm, er könne doch nicht schwer abhängig machende Medikamente einnehmen. Es ist ein himmelweiter Unterschied, ob man zum Beispiel beruhigende Mittel nimmt, die in Anbetracht gewisser Situationen sicherlich gerechtfertigt sind, oder über einen langen Zeitraum Psychopharmaka einwirft.

Ich bohrte weiter nach, ob er schon einen Psychologen aufgesucht hatte oder in einer Klink gewesen war, um feststellen zu lassen, ob er unter Depressionen litt. Sein Zustand ließ mir einfach keine Ruhe. Ich bin kein Psychologe, aber mir war es wichtig, ihm klar die Meinung zu sagen - auch wenn ich ein Außenstehender war. Ihn hat das schwer beeindruckt. Während wir diskutierten, kam der Sohn ins Zimmer. Er hatte das Gespräch von draußen mitverfolgt und sie beschlossen gemeinsam, in eine Klinik zu fahren. Ich fand es sehr schön, dass meine klaren Worte ein Stück weit dazu beigetragen haben. Einige Zeit später hat Jürgen sich in psychiatrische Behandlung begeben, um zunächst einen Entzug von den Schmerzmitteln durchzuführen.

Ein letzter Brief

Mich erreichte nach einiger Zeit wieder ein Brief von Jürgen – und diesmal sollte es der letzte sein. In sehr bewegenden Worten verabschiedete er sich von mir und wünschte mir ein schönes Leben. Ich sollte mein Talent, Menschen zuzuhören und auch mal klare Worte zu sprechen, künftig weiterhin nutzen, um zu helfen. Damals war das für mich noch undenkbar. Ich war mit Leib und Seele Tatortreiniger und kein Psychologe. Er schrieb weiter, dass er es sehr beeindruckend fand, wie ich immer mit ihm umgegangen war und er schätzte unsere Gespräche sehr. Daraufhin wollte er mir etwas schenken. Das Wertvollste, was wir Menschen haben: Zeit. Die Zeit miteinander, die Zeit, wenn wir einander zuhören, und zwar aufmerksam, und die Zeit, die wir miteinander verbringen. Dieser Brief hörte sich nicht an wie ein Abschiedsbrief vom Leben, sondern vielmehr als wollte er, dass ich meine Zeit noch für andere Menschen nutze.

Jürgen schrieb, dass er sich in Zukunft nicht mehr melden werde und eigentlich auch nicht möchte, dass ich weiter mit ihm in Kontakt bleibe. Auch wenn es im ersten Augenblick ein bisschen komisch für mich war, habe ich verstanden, was er meinte. Er wollte mich freistellen, weil er merkte, dass mich einige Dinge persönlich extrem berühren. Für einen Tatortreiniger mache ich mir wahrscheinlich wirklich viele Gedanken.

Der dritte Auftrag

Es gab noch einen dritten Auftrag für Jürgen und das sollte der tragischste werden. Nach seinem letzten Brief hatten wir keinen Kontakt mehr. Umso überraschter war ich, als mich sein Sohn erneut anrief. Wieder einmal die Worte, die mir schon sehr bekannt vorkamen: »Herr Engel, ich würde Sie bitten, bei uns vorbeizukommen. Es gab einen Unfall, der Ihrer Hilfe bedarf.« Mit einem komischen Gefühl machte ich mich auf den Weg. Und tatsächlich: Jürgen war verstorben. Er war die Treppe heruntergestürzt und hatte sich dabei das Genick gebrochen. Ähnlich wie damals seine Frau erlitt auch er eine schwere Kopfwunde. Die Familie fand etwas später noch einen Brief von ihm, den er an Annemarie geschrieben hatte. Dieser war schon ein paar Jahre alt und es war ebenfalls ein Abschiedsbrief. Aus ihm wurde nicht klar, ob es sein Abschied vom Leben war oder der Abschied von der Trauer um seine geliebte Partnerin.

Was dieser Mann alles erlebt hat, bewegt mich noch heute. Zusätzlich zu dem seelischen Schmerz, den er mit dem Tod seiner Frau erlitten hatte, musste er auch körperliche Schmerzen durch einen schlimmen Unfall ertragen. Jürgen nutzte seinen körperlichen Schmerz zur Heilung seines seelischen, indem er starke Medikamente einnahm, um sich zu betäuben und mit seiner Trauer umzugehen. Nachdem er sich in Behandlung begeben hatte, um mit seinen Schmerzen und seinen Lebenstatorten klarzukommen, hatte ich das gute Gefühl, dass Jürgen für sich einen friedlichen Abschluss gefunden hat.

Schmerz ist Heilung

Schmerz gehört wie Angst zu unserem Leben dazu. Auch Schmerz ist als Warnprinzip unseres vegetativen Nervensystems positiv zu bewerten und dient dem Überleben. Zu diesem Zweck ist Schmerz grundsätzlich mit negativen Gefühlen verbunden, um Aufmerksamkeit zu erregen, damit die Situation geändert wird. Schädlich wird Schmerz erst dann für uns, wenn er chronisch wird.

Was ist Schmerz?

In erster Linie ist Schmerz ein unangenehmes Gefühl. Dieses kann zum Beispiel von einer körperlichen Verletzung herrühren, oder einer seelischen, die oftmals auch körperlich spürbar wird.

Schmerz ist wie Riechen, Schmecken, Hören und Sehen ein Bestandteil unserer Sinne. Ein akuter, schmerzhafter Reiz löst einen elektrischen Impuls aus, der über besondere Nervenfasern zum Rückenmark weitergeleitet wird. Von dort aus gehen die Schmerzsignale über eine Schaltstelle oberhalb des Hirnstamms zu verschiedenen Gehirnzellen, die für die Wahrnehmung der Sinnes- und Gefühlserlebnisse verantwortlich sind. Interessant ist, dass das Gehirn nicht über ein einzelnes Schmerzzentrum verfügt. Vielmehr entsteht die Wahrnehmung von Schmerz als Antwort eine vernetzte Aktivierung verschiedener Schmerzzentren des Gehirns.[4]

Grundsätzlich gilt, dass unsere Aufmerksamkeit, Einstellungen und Gefühle unser Schmerzempfinden verstärken oder schwächen. Die Intensität unseres Schmerzempfindens hängt also nicht nur vom reinen Nervensignal ab, sondern ist ein Zusammenspiel biologischer, psychologischer und sozialer Faktoren, zu denen auch unsere familiären und kulturellen Erfahrungen im Umgang mit Schmerz zählen.[5] Hier zeigt sich eine weitere Parallele zu dem Thema Angst. Unsere Wahrnehmung wird von erlernten Bewertungen mitbestimmt.

Körperlicher und seelischer Schmerz

Medizinisch gesehen entsteht Schmerz im Bewusstsein. Aktuelle Forschungen zeigen, dass beide Arten von Schmerz, körperlichen wie seelischen Ursprungs, eng zusammen liegen und auch teilweise in den gleichen Regionen des Gehirns verarbeitet werden.[6]

Ein Experiment amerikanischer Forscher zeigt[7]: Die Verarbeitungsprozesse bei schmerzhaften Erfahrungen sozialer Ablehnung sind die gleichen wie bei einem rein körperlichen Schmerzreiz. Die Forscher untersuchten 40 Versuchspersonen, die alle innerhalb der letzten sechs Monate den Kummer einer gescheiterten Beziehung erlebt hatten. Das Ergebnis zeigt, dass es zwei Gehirnregionen gibt, die sowohl bei körperlichem Schmerz als auch bei seelischer Pein aktiv werden. Besonders wichtig sind diese Erkenntnisse für den Bereich der Psychosomatik.

Psychosomatik – wenn die Psyche schmerzhaft auf sich aufmerksam macht

Die Psychosomatik setzt sich mit dem Einfluss psychischer Faktoren auf den Körper auseinander. Der Forschungsbereich dieses komplexen Fachgebiets ist die Wechselwirkung von Körper und Psyche. Wie zum Beispiel wirken sich körperliche Einschränkungen und Krankheiten auf unser Seelenheil aus? Wie wirken andersherum psychische Belastungen auf den Körper?

Ursachen psychosomatischer Erkrankungen sind seelische Belastungen wie Trauer, Angst, Lebenskrisen oder traumatische Ereignisse. Ihnen allen liegt zugrunde, dass sie mit einem erhöhten Stressempfinden einhergehen.

Auch Stress ist pauschal nicht als ungesund einzustufen. Genau wie bei Angst und Schmerz ist er eine vegetative Reaktion unseres Körpers, die unserem Überleben dient. Ob er schadet, hängt auch hier wieder mit der subjektiven Bewertung des Einzelnen und seinen Ressourcen zur Stressbewältigung zusammen.

Viele Menschen brauchen vorübergehende Anspannungsphasen, um zur Hochform aufzulaufen (positiver Stress = Eustress). Negativ empfundener Stress (Disstress) kann allerdings die Gesundheit ernsthaft gefährden, da die durch Stress hervorgerufenen körperlichen Veränderungen die Entstehung verschiedener Krankheiten begünstigen. Wie bei Angst reagiert der Körper auf Stress mit den gleichen vegetativen Reaktionen: Er schüttet die Botenstoffe Adrenalin und Noradrenalin aus[8] und gibt somit dem Körper die nötigen Stoffe, um fliehen oder kämpfen zu können. Die Muskeln spannen sich automatisch an. Doch müssen wir bei Stress bei der Arbeit, bei Trauer, Wut oder Angst weder fliehen noch kämpfen. Die Anspannung bleibt demnach bestehen, die Muskulatur kann sich nicht erholen und die Betroffenen werden zunehmend erschöpft. Je länger dieser Zustand anhält, desto stärker werden auch die damit einhergehenden körperlichen Beschwerden. Diese können den »inneren Stress« in Form von Wut und Angst verstärken. Ein Teufelskreislauf entsteht und aus dem Akut-Schmerz kann ein »Dauerschmerz« werden.[9]

Wie wird aus akutem Schmerz chronischer Schmerz?

Der Dauerschmerz ist eine Folge der gesteigerten Reaktionsbereitschaft der für Schmerz zuständigen Nerven. In dieser Situation reicht oft eine geringfügige Anspannung aus, um einen Schmerzreiz auszulösen.

Wenn der Schmerzkranke mit sozialem oder beruflichem Rückzug reagiert oder aus Angst eine Schonhaltung entwickelt, was den körperlichen Zustand oft weiter verschlechtert, beginnt sich der Chronifizierungsprozess zu festigen. Chronische Schmerzen unterliegen daher nicht nur einem körperlichen, sondern immer auch einem psychischen und sozialen Einfluss.[10]

Vom Umgang mit seelischem Schmerz

Die Lebensverhältnisse der westlichen Industrienationen sind seit 1945 auf einem bisher nie dagewesenen hohen Niveau. Kein Krieg nahm uns seitdem unsere Lieben oder unser Hab und Gut. Wir haben zu essen und zu trinken sowie ein funktionierendes Gesundheitssystem. Neben guten Bildungsmöglichkeiten haben wir eine gute soziale Infrastruktur. Wir haben Wasser, Strom und kennen Urlaub. Die Kindersterblichkeit ist in Deutschland von fast 50 Prozent im 19. Jahrhundert auf 3,8 Todesfälle je 1 000 Lebendgeburten in 2019 gefallen.[11] Alles in allem eine sehr positive Entwicklung, von denen viele andere Länder auf der Erde meilenweit entfernt sind. Wir haben jedoch aufgrund unseres sehr hohen Lebensstandards verlernt, mit Leid umzugehen.

Schmerz und Leid werden nicht mehr akzeptiert

Ich möchte zu diesem Thema gerne ein paar Gedanken des Dalai Lama aufgreifen: Obwohl die Menschheit sich Schmerz und Leid bewusst sei, könnten diese nicht leicht akzeptiert werden. Mit unterschiedlichen Strategien versuchen wir, Leid zu vermeiden – sei es durch Betäubung mit Alkohol und Drogen, Ablenkung oder Leugnung eines Problems. Früher oder später wird es sich aber dennoch Bahn brechen.

Heilt die Zeit alle Wunden?

Dass die Zeit Wunden heilt, erlebe ich häufiger bei meinen Kunden. Doch bei den Familien, die einen frühen Tod eines Kindes erlitten haben, heilt die Zeit nicht automatisch. Es wird nur anders. Wenn man selbst nicht an seinem Schmerz zugrunde gehen möchte, hilft nur das Loslassen, bei der eine professionelle Trauerbegleitung unterstützt.

Es gibt unterschiedliche Modelle, um die Phasen der Trauer zu beschreiben, zum Beispiel von Elisabeth Kübler-Ross, Verena Kast oder Yorik Spiegel, darauf gehe ich später noch ein. Wohl bemerkt – es geht hier um die Trauerverarbeitung in unserer westlichen Kultur.

Katharsis – wenn unterdrückte Gefühle ein Ventil suchen

In der Psychologie wird der Begriff Katharsis für den Prozess verwendet, durch den negative Emotionen »freigelassen« oder der Wortherkunft nach »gereinigt« werden. Oft bleibt uns im stressigen Alltag nicht die Zeit, Erlebnisse aufzuarbeiten, oftmals werden Emotionen auch bewusst verdrängt und sozusagen in eine Kiste oder einen inneren Raum gesperrt. Stauen sie sich immer mehr an, so platzt diese innere Kiste auf und die Emotionen brechen heraus.

Warum bringe ich den Begriff Katharsis ins Spiel? Frau Koch, die Mutter des verstorbenen Jungen aus meiner Tatortgeschichte wusste nicht, wohin mit ihrem seelischen Schmerz. Wenn wir uns die fünf Phasen der Trauerbewältigung (Leugnen, Zorn, Verhandeln, Depression und Akzeptanz) nach Elisabeth Kübler-Ross anschauen, befand sie sich in der Phase des Zorns, des Aufbrechens von Emotionen. In dieser Phase stehen die Gefühle im Vordergrund. Zorn und Wut brechen hervor. Der Schmerz suchte sich ein Ventil in Aggression und der Verwüstung des Hauses. Manche Menschen richten diese Aggressionen auch gegen sich oder andere, manche Menschen verkriechen sich in ihrem »Opferland«. Da ist Sachschaden sicherlich das geringere Übel.

Umgang mit Trauer und Tod in anderen Kulturen

Jeder Mensch und jede Kultur verarbeitet inneren Schmerz auf ganz individuelle Art und Weise.[12] In China wird beispielsweise wenig über Gefühle gesprochen. Umso bemerkenswerter ist dort der Umgang mit dem Tod: Angehörige, Freunde und Nachbarn beklagen ihn lautstark. In Indien glaubt man an die Unsterblichkeit der menschlichen Seele und an ein späteres Leben in einer anderen Form und sieht den Tod nur als Übergang dorthin. Entsprechend fröhlicher fallen Totenfeiern unter den Hindus aus, die sich nicht in trauerndem Schwarz, sondern in Weiß kleiden.[13]

Für das Volk der Toraja in Indonesien ist die Totenfeier das höchste Fest. Der Leichnam wird einbalsamiert und im hinteren Teil des Hauses aufgebahrt. Die faszinierende

Zeremonie kann mitunter bis zu zwei Jahre andauern, in denen der Verstorbene wie ein schlafendes Familienmitglied behandelt wird. Die Trauerfeier beziehungsweise das Begräbnis geht unter lautem Jubel und Gelächter vonstatten. Es wird getanzt und gesungen. Einmal im Jahr findet das Ritual Ma'Nene statt, bei dem die Toten exhumiert, neu eingekleidet und durchs Dorf getragen werden.[14]

Wege aus dem Schmerz

Jeder Schmerz, jede seelische Verletzung, jedes Leid, das wir erfahren und mit dem wir nicht unseren Frieden gemacht haben, wandert in unseren biografischen »Rucksack«, den wir tagtäglich mit uns herumschleppen. »Aus den Augen – aus dem Sinn?« So funktioniert unser Unterbewusstsein nicht. Wir leben zu jeder Sekunde in drei Zeitzonen: der Vergangenheit, der Gegenwert und der Zukunft. Je schwerer unser Rucksack der Vergangenheit wird, desto weniger Kraft haben wir für das Heute und Morgen.

Zweites Prinzip: Lass dich nicht von deinen Schmerzen beherrschen

Ein Leben ohne Schmerz wäre vermutlich sinnlos. Denn durch Schmerz lernen wir und haben die Möglichkeit zu wachsen. Als Kind haben wir alle nur einmal auf die heiße Herdplatte gefasst, denn der Schmerz lehrte uns, dies nicht zu wiederholen. Wir haben gelernt, wie man Fahrrad fährt, auch wenn es das eine oder andere Mal mit einem schmerzhaften Sturz verbunden war. Vielleicht haben wir uns beim Lernen einer neuen Sportart auch etwas übernommen und uns einen Knochenbruch zugezogen. Akute Schmerzen, die im Zusammenhang mit Verletzungen auftreten, sind in der Regel leicht zu behandeln. Unser Körper braucht von wenigen Tagen, beispielsweise bei einer leichten Schnittverletzung, bis hin zu ein paar Wochen bei einem Knochenbruch oder Bänderriss, um die Gewebeverletzungen zu reparieren. Hier kann es natürlich helfen, auf verschiedene Medikamente zurückzugreifen, um unseren Körper im Heilungsprozess zu unterstützen und die Schmerzen zu lindern. Diese akuten Schmerzen gehören zu unserem Leben dazu und müssen uns nicht weiter beunruhigen.

Gefährlich wird es allerdings, wenn der Schmerz nicht mehr gehen will, denn dann mindert er die Lebensqualität. Bleiben Schmerzen bestehen, auch wenn die Ursache bereits beseitigt ist, gehen Schmerzforscher davon aus, dass sie Folge eines überempfindlich gewordenen Nervensystems sind. Akute Schmerzen haben eine wichtige Schutzfunktion, die den Körper vor größeren Verletzungen bewahrt. Niemand würde sich bewusst lange vermeidbaren Schmerzen aussetzen. Treten wir beispielsweise in eine Glasscherbe, so werden wir sie schnellstmöglich entfernen, um den Schmerz zu lindern, und nicht tagelang damit herumlaufen. Chronische Schmerzen haben hingegen in der Regel keine sinnvolle Funktion. Sie ziehen oft verschiedene Probleme nach sich, wie die Einschränkung der Beweglichkeit, Schlafstörungen, Erschöpfung und psychische Belastungen. Langanhaltende Schmerzen führen laut aktuellem Wissensstand sogar dazu, dass unsere Nervenzellen immer empfindlicher werden und wir immer mehr darunter leiden.

Chronische Schmerzen können uns sogar daran hindern, das zu machen, was uns Spaß bereitet. Wir geben Hobbys auf und schränken unsere sozialen Kontakte ein. Im schlimmsten Falle sind Angstzustände und Depressionen das Ergebnis. Da es sich bei chronischen Schmerzen um eine komplexe Erkrankung handelt, gibt es kein Allheilmittel. Selbst starke Schmerzmittel helfen häufig nicht und haben Nebenwirkungen. Wichtig bei chronischen Schmerzen ist, sich zu fragen, wie man damit im Alltag besser umgehen kann. Vielleicht lassen sie sich nicht beseitigen, aber lindern.

Individuelles Schmerzempfinden

Jeder von uns empfindet Schmerz auf unterschiedliche Art und Weise. Schmerz ist stark von den Umständen und der Situation abhängig. Weiß unser Gehirn beispielsweise, dass der Schmerz nicht dauerhaft ist und zu einem positiven Ergebnis führt, gelingt es uns, damit positiver umzugehen. Das gilt zum Beispiel bei Geburtsschmerzen. Die Freude auf das Kind lässt Frauen Schmerzen aushalten, die wahrscheinlich niemand unter anderen Umständen bewältigen könnte. Das Gehirn versorgt die Gebärende permanent mit Glückshormonen. Ähnlich könnte man es auch bei einer Tätowierung sehen. Der Vorgang an sich kann mitunter sehr schmerzhaft sein und wahrscheinlich würde sich niemand einfach so teilweise über Stunden hinweg mit Nadeln stechen lassen. Doch die Vorfreude auf das Ergebnis macht den Schmerz erträglicher.

Wenn es um Schmerzen geht, lässt sich das Gehirn leicht austricksen. Zahlreiche Experimente zeigen auf, dass der Placeboeffekt Wirkung zeigt. In einem Experiment erhielten hierzu zwanzig Probanden unterschiedlich starke Laserimpulse auf einen Bereich des Handrückens und wurden gebeten, den Schmerz zu bewerten.[15] Danach wurden sie mit Cremes behandelt, die angeblich schmerzlindernd wirken und erhielten noch einmal die gleichen Impulse. Obwohl die Cremes über keine Wirkung verfügten, bewerteten die Teilnehmer die Schmerzen schwächer. Dieser Effekt war auch im Gehirn sichtbar – trotz der gleichen Schmerzreize gaben die Nervenzellen ein anderes Muster von Signalen.

Das Empfinden von körperlichen Schmerzen ist somit immer subjektiv. Doch neben den rein körperlichen Schmerzen sind es vor allem die seelischen Schmerzen, unter denen wir besonders leiden – Mobbing, Trennungen, Trauer sind nur einige, auf die ich näher eingehen möchte.

Mobbing

Eine der gefährlichsten Formen des Schmerzes wird von der Jugend und Gesellschaft immer mehr zelebriert. Es geht um den Schmerz ausgehend vom Internet, durch Beiträge von Anonymen. Im Internet können sich die Täter verstecken. Ich erlebe leider in meinem beruflichen Alltag vermehrt, dass sich gerade junge Menschen aufgrund von Cybermobbing das Leben nehmen oder es versuchen. Die Medien berichten fast schon in erschreckend kurzen Abständen von Suiziden, die auf Mobbing zurückzuführen sind. Die Zahl der Cybermobbingopfer nimmt in Deutschland unter Schülern und Schülerinnen weiter zu. Laut einer aktuellen Studie, hatten im Jahr 2020 17,3 Prozent der Befragten im Alter zwischen acht und 21 Jahren Erfahrungen mit Mobbing im Internet. Im Vergleich zum Jahr 2017 ist der Anteil um 36 Prozent gestiegen. Auch die Gedanken an einen Suizid sind um 20 Prozent gestiegen. Der Anteil der Opfer, die Alkohol und Tabletten konsumieren, ist gegenüber 2017 um 30 Prozent gestiegen.[16] Mobbing beginnt teilweise schon in der Grundschule. Es muss in unserer Gesellschaft ankommen, dass Cybermobbing kein Kavaliersdelikt ist, sondern ein ernstzunehmendes Problem. Kinder und Jugendliche, die von Mobbing betroffen sind, haben oft auch im Erwachsenalter mit einem gestörten Selbstbewusstsein zu kämpfen. Sie leiden häufiger an Schlafstörungen und sind anfälliger für Angststörungen und Depressionen.

Cybermobbing kann auf verschiedenen Ebenen erfolgen:

- Per E-Mail, in sozialen Netzwerken, Chats oder per Messenger schreiben die Täter verletzende und beleidigende Nachrichten. Oftmals werden hierzu Fakeprofile erstellt, um anonym zu bleiben. Rasant verbreiten sich Gerüchte, die das Opfer schlecht dastehen lassen.
- Die Täter kennen ihr Opfer oft sehr gut und teilen intime Fotos oder Geheimnisse auf diversen Plattformen, um diese bloßzustellen.
- Eine Gruppe schießt sich auf ein Opfer ein und macht sich über diese Person lustig. Im Verbund fühlen sich die Täter oft stärker.

- Täter kommentieren Fotos ihrer Opfer mit beleidigenden Kommentaren oder manipulieren Aufnahmen, die sie dann ins Internet stellen.
- Im schlimmsten Fall werden die Attacken sogar körperlich und den Opfern wird Gewalt angetan.

Viele Opfer von Mobbing fühlen sich machtlos oder verängstigt. Der Schmerz sitzt tief, doch wer betroffen ist, sollte sich jetzt nicht zurückziehen, sondern aktiv werden:

- Reagiere nicht auf die Nachrichten, denn so spornst du Täter weiter an.
- Sichere Beweise, indem du Screenshots der Nachrichten machst.
- Hol dir Hilfe von Vertrauenspersonen. Denk immer daran, dass du nicht alleine mit den Attacken fertig werden musst. Es gibt viele Anlaufstellen, an die du dich auch anonym wenden kannst.
- Wende dich im Ernstfall an die Polizei und leite rechtliche Schritte gegen die Täter ein.

Wir alle sind nicht vor Mobbing gefeit. Es kann jeden treffen. Also halte die Augen und Ohren offen, wenn du merkst, dass sich zum Beispiel ein guter Freund auf einmal zurückzieht oder sich anders verhält. Wirst du selbst zum Opfer, dann setz dich diesem Schmerz nicht aus, sondern wirke aktiv dagegen.

Trennung

Eine Trennung stellt unser Leben immer auf den Kopf. Ob plötzlich oder schleichend – verlässt uns eine geliebte Person, so ist das zunächst ein Schock und der Schmerz sitzt tief. Wir sprechen bei einer Trennung nicht umsonst von Herzschmerz. Es zerreißt uns förmlich, möglicherweise spüren wir den Schmerz einer Trennung sogar körperlich.

Bei Trennung und Liebeskummer werden die gleichen Regionen des Gehirns aktiviert wie bei körperlichen Schmerzen. Extremer Kummer und Stress greifen das Herz an und die Symptomatik ähnelt sogar einem Herzinfarkt. In extremen Fällen tritt das Broken-Heart-Syndrom auf, eine Herzmuskelerkrankung, die durch starken emotionalen Stress hervorgerufen wird.

Bei Liebeskummer findet in uns ein biochemischer Prozess statt, der in der Regel folgendermaßen verläuft:

- Nach der Trennung werden vermehrt die Stresshormone Adrenalin und Cortisol ausgeschüttet.
- Das Glückshormon Serotonin wird nur noch in kleinen Mengen produziert.
- Der Spiegel des Bindungshormons Oxytocin sinkt.
- Dopamin wird in geringeren Mengen produziert.

Eine Trennung stürzt uns in ein Gefühlschaos. Traurigkeit, Zukunftsangst, Unsicherheit, Verzweiflung, Ohnmacht und Wut wechseln sich häufig ab. Ohne den Partner oder die Partnerin wirkt das Leben sinnlos. Der Schmerz lähmt und führt im Extrem zu Depressionen bis hin zum Suizid. Die Leistungsfähigkeit nimmt ab und wir verspüren körperliche Schmerzen. Niemand würde freiwillig ein solches Gefühl haben wollen und jeder, der selbst eine schmerzhafte Trennung durchgemacht hat, möchte das nicht noch einmal erleben. Es ist gut, den Schmerz nicht zu verdrängen, sondern ihn zuzulassen. Denn nur so lässt sich die Trennung emotional verarbeiten.

Folgende Tipps helfen dabei, leichter damit fertig zu werden:

Tipp 1
Lebe die Gefühle nach der Trennung aus. Lasse deine Wut und Trauer zu, denn erst dann werden sie mit der Zeit weniger Raum einnehmen. Läufst du vor den Schmerzen weg, wird es am Ende nur schlimmer werden. Gefühle zu unterdrücken verschiebt und verlängert nur die Trauerphase und den Schmerz.

Tipp 2
Akzeptiere die Tatsache der Trennung. Je mehr und offener du mit Freunden und deiner Familie sprichst, desto einfacher fällt es, die Trennung als Tatsache zu akzeptieren und sie zu verarbeiten.

Tipp 3
Versuche das Positive zu sehen. Vielleicht hat die Trennung auch gute Seiten? Führe dir vor Augen, auf was du während der Beziehung verzichtet hast. War dein Partner ein Sportmuffel, dann könntest du jetzt wieder ohne schlechtes Gewissen mehr Zeit in die körperliche Aktivität investieren. Vielleicht hatte deine Partnerin auch Eigenschaften, die dir überhaupt nicht gefallen haben. Dann denk daran, dass du dich jetzt nicht mehr damit herumärgern musst. Jetzt hast du Zeit, ganz und gar deine Interessen auszuleben und dich zu entfalten. Mache das, was dir gefällt und dir guttut.

Tipp 4

Gib deinem Leben neuen Schwung. Die Zeit, die du sonst mit deinem Partner verbracht hast, kannst du jetzt intensiv für ein neues Hobby, Treffen mit Freunden oder der Familie nutzen. Gefühle lassen sich sehr gut mit Sport bewältigen. Wenn du richtig ausgepowert bist, wirst du merken, dass Wut und Trauer dich nicht mehr so im Griff haben. Du kannst dich auch neu orientieren – zum Beispiel mit einem neuen Beruf oder in einer neuen Stadt. Wenn du Momente erlebst, in denen du glücklich bist, mach sie dir bewusst. Sie zeigen dir, dass das Leben auch ohne deine Ex-Partnerin oder deinen Ex-Partner weitergeht und genauso schön sein kann.

Tipp 5

Loslassen. Eine Trennung ist immer mit Kummer verbunden. Vielleicht hast du erkannt, dass deine Ex-Partnerin oder dein Ex-Partner nicht die Liebe deines Lebens war und du jetzt frei bist, jemanden Neues kennenzulernen, der besser zu dir passt. Wenn du die Trennung verarbeiten und überwinden möchtest, dann schwelge nicht in Erinnerungen und in der Vorstellung, wie es wäre, wieder mit deinem Ex-Partner zusammen zu sein. Um die Trennung zu überwinden ist es gut, loszulassen und positiv zu denken.

Trauer

Es gibt kaum Worte, um zu beschreiben, wie schwer es ist, wenn ein geliebter Mensch stirbt. Ob Eltern, Kinder, der Partner oder eine Freundin. Der Tod ist unweigerlich mit dem Leben verbunden und doch löst er bei den Hinterbliebenen unglaublichen Schmerz aus. Niemand setzt sich gerne damit auseinander, wie das Leben sein würde, wenn plötzlich jemand gehen muss. Im vorherigen Kapitel ging es schon um das Thema Trauer, hier gehe ich noch einmal näher auf die Phasen der Trauerbewältigung ein.

Der Tod eines nahestehenden Menschen verändert das Leben und wirft alles aus der Bahn. Trauer ist eine psychische Reaktion auf den Verlust. Trauern wir, dann fühlen wir uns oft hilflos. Unsere Welt ist aus den Fugen geraten und die eigenen Gefühle können uns überwältigen. Werden wir jemals wieder lachen? Es fällt schwer, dran zu glauben, und oft ist es ein langer Weg, bis sich unsere Gefühlswelt wieder normalisiert. Die Gesellschaft erwartet jedoch, dass wir bereits nach kurzer Zeit wieder »funktionieren«. Ein Arbeitgeber räumt vielleicht noch einen Tag Sonderurlaub ein, Personen, die den Verstorbenen nicht kannten, werden vielleicht noch ein paar Tage Mitleid haben, doch das Verständnis dafür, dass es bis zu fünf Jahren dauern kann, einen Verlust zu bewältigen, ist häufig nicht gegeben. Jeder Mensch trauert auf seine eigene Art und Weise, es gibt keinen allgemeingültigen Zeitraum oder eine messbare Intensität, in der wir trauern. Im Allgemeinen lässt sich die Trauer in unterschiedliche Phasen aufteilen. Ich stelle hier die vier Trauerphasen nach Verena Kast[17] vor. Sie können sich überschneiden und unterschiedlich lang sein.

Jede Trauerphase ist wichtig und hat ihren Platz. Die Trauer sollte nicht verdrängt werden, denn das kann zu Krankheiten, Depressionen und seelischen Schäden führen.

Phase 1: Nicht-Wahrhaben-Wollen

In der ersten Phase erlebt die trauernde Person oftmals einen Schockzustand. Insbesondere wenn der Tod plötzlich eingetreten ist, etwa durch einen Unfall, ist diese Phase wohl die emotional härteste. Zunächst wird der Verlust geleugnet und nicht realisiert. Oft reagiert der Körper auf die Nachricht des Todes: Übelkeit, Schwitzen, erhöhter Puls, Schwindelgefühle sind im ersten Moment normal. Jeder kennt das Gefühl, dass der Verstorbene jeden Moment um die Ecke kommen könnte, dass das Kind vielleicht einfach gerade nur auf einem Schulausflug ist, der Mann länger bei der Arbeit ist und so weiter. In dieser Phase machen wir uns selbst etwas vor, um nicht mit der Heftigkeit unserer Gefühle konfrontiert zu werden. Nach einiger Zeit jedoch erkennen wir, dass die verstorbene Person nie wieder kommen wird. Dieser Zustand kann ein paar Tage dauern oder sich über mehrere Wochen hinziehen.

Phase 2: Aufbrechende Emotionen

Wird die schmerzliche Realität bewusst, dann ist es wichtig, sich mit seinen Gefühlen auseinanderzusetzen. Am Anfang ist man vielleicht noch zu sehr damit beschäftigt alles zu organisieren, ist abgelenkt und bekommt viele Kondolenz-Anrufe und -besuche. Lässt das alles nach, dann überkommt einen ein Schwall von Gefühlen. Dazu können Wut, Schmerz, Zorn oder Schuld gehören. In unerwarteten Situationen, wenn uns etwas an den Verstorben erinnert, kommen plötzliche Gefühlsausbrüche. Wie innig das Verhältnis zwischen uns und der verstorbenen Person war, bestimmt die Dauer dieser Trauerphase. Wochen, Monate oder mitunter sogar Jahre können hier vergehen. Wichtig ist, diese Gefühle zuzulassen und nicht zu unterdrücken. Sie sind ein wichtiger Teil der Trauerarbeit, wenn auch sehr schwierig. Es ist keine Schwäche, offen zu seinen Gefühlen zu stehen, und der

Eintritt in die nächste Trauerphase ist nur möglich, wenn wir uns mit diesen Gefühlen auseinandersetzen.

Phase 3: Suchen und sich trennen

In dieser Phase führt der Weg langsam wieder in einen normalen Alltag. Die Trauer ist nicht mehr allgegenwärtig und weniger schmerzhaft. Wir schaffen es wieder, die positiven Seiten des Lebens zu erkennen. Jetzt setzen wir uns mit dem Verstorbenen auseinander und suchen oftmals Orte auf, die wir mit ihm verbinden, um ihm nahe sein zu können. Wir führen vielleicht sogar innere Gespräche und lernen, langsam Abschied zu nehmen. Auf der anderen Seite kann die intensive Auseinandersetzung auch zu tiefer Verzweiflung führen, weshalb in dieser Phase häufig Selbstmordgedanken auftreten. Es ist eine individuelle Entscheidung, mit dem Leben fortfahren zu wollen oder in der Trauer zu verharren. Diese Phase kann mehrere Wochen oder Jahre dauern, und es ist wichtig, geduldig zu bleiben.

Phase 4: Neuer Selbst- und Weltbezug

In der vierten und letzten Trauerphase geht es darum, für sich Frieden zu finden. Langsam kehrt das innere Gleichgewicht zurück. Der Schmerz über den Verlust wird geringer und der Tod des geliebten Menschen wird akzeptiert. Wir beginnen die Zukunft neu auszurichten und Pläne ohne den Verstorbenen an unserer Seite zu machen. Die Erinnerung bleibt jedoch und ist weiterhin ein Teil unseres Lebens.

Um die vier Phasen der Trauer zu durchlaufen, braucht es Zeit und Geduld – auch wenn es Jahre dauern kann. Mache dir bewusst, an welchem Punkt du stehst. Gegebenenfalls ist es sinnvoll, professionelle Hilfe zu suchen.

Körperlicher und seelischer Schmerz

Schmerzhafte Gefühle und seelischen Schmerz zu ertragen ist schwer. Einige Menschen kompensieren ihren seelischen Schmerz mit körperlichem und verletzen sich selbst teilweise massiv, um ihre negativen Emotionen zu regulieren.

Die Zeitschrift *Psychologie Heute* berichtet darüber, wie Menschen mit negativen Gefühlen umgehen.[18] In einer Studie konfrontierten Forscher die Probanden mit Bildern, die Angst, Wut oder Traurigkeit auslösten und ließen sie aus mehreren Möglichkeiten wählen, was ihnen jetzt helfen würde, ihre negativen Gefühle zu mildern. Sie konnten sich dafür entscheiden, den Bildern eine neue Deutung zu geben (das sogenannte Reframing) oder erhielten Hinweise, Gedanken daran zu vermeiden. Eine andere Möglichkeit war, eine schmerzhafte elektrische Stimulation zu erhalten. Die meisten Freiwilligen entschieden sich für den körperlichen Schmerz.

Es kann mitunter sehr gefährlich werden, wenn auch du feststellst, dass du versuchst, deinen seelischen Schmerz mit körperlichem zu »heilen«. Ich möchte deshalb einige Wege aufzeigen, um seelischen Schmerz besser zu verarbeiten.

Die Ursachen für seelischen Schmerz können sehr vielseitig sein. Außer einer Trennung und dem Verlust eines geliebten Menschen gibt es auch andere Gründe:

- ein heftiger Streit innerhalb der Familie oder mit einem Freund,
- eine Zurechtweisung oder Kränkung,

- ein traumatisches Erlebnis aus der Vergangenheit,
- Einsamkeit,
- ein Unfall,
- körperliche Gewalt oder Missbrauch.

Wahrscheinlich hat jeder von uns in kleinerem oder größerem Ausmaß schon einmal einen dieser Punkte erlebt. Den Schmerz zu ignorieren oder zu verdrängen, ist keine Lösung. Oftmals brechen sich zum Beispiel seelische Schmerzen aus der Kindheit im Erwachsenenalter bahn und sind dann noch viel schwerer zu verarbeiten. Wie lässt sich nun dem Schmerz begegnen?

Schritt 1

Ursachenforschung. Im ersten Schritt ist es sinnvoll, deinem Schmerzen auf den Grund gehen. Während eine Trennung oder der Tod eines Menschen eindeutig Auslöser sind, ist es bei Enttäuschungen als Kind oder ungerechter Behandlung schon schwerer. Horche in dich hinein, woher dein Schmerz rührt. Hierbei kann dir auch das Gespräch mit einem Psychologen oder einer Psychologin helfen.

Schritt 2

Lass es raus. Nach wie vor wird in unserer Gesellschaft der Ausdruck seelischen Schmerzes mit Schwäche gleichgesetzt. Bitte löse dich von diesem Gedanken. Jedes Leben ist geprägt von Höhen und Tiefen. Nimm auch die Tiefen ernst und lasse deinen Schmerz zu. Hast du zum Beispiel schon einmal ausprobiert alles »herauszuschreien«? Natürlich ist es nötig, sich dafür an einen Ort zu begeben, an dem sich davon niemand belästigt fühlt. Es kann unglaublich befreiend sein, den Schmerz herauszulassen und die Gedanken wieder in die Zukunft zu richten.

Schritt 3

Liebe dich und schaffe neue Rituale. Wurdest du in der Kindheit von deiner Familie oder auch von Lehrern zurückgewiesen, führt das oftmals dazu, einen Fehler bei sich selbst zu suchen. Die Meinung anderer ist dir wahrscheinlich wichtig und du denkst, dass du nicht gut genug bist. Um deine seelischen Schmerzen zu heilen, ist es wichtig, dass du dich selbst liebst. Wenn du gut für dich sorgst und dich akzeptierst, kannst du vergangene Ereignisse verarbeiten. Hierbei helfen dir auch neue Rituale. Regelmäßigkeit ist hierbei das Stichwort: Nimm dir zum Beispiel vor, jeden Morgen 10 Minuten zu nutzen, um dir etwas Gutes zu tun.

Schritt 4

Sein vor Schein. Ist es nicht auch manchmal so, dass wir uns viel mehr um unsere äußere Erscheinung sorgen als um unser inneres Wohlbefinden? Schließlich ist es das, was die Menschen zuerst wahrnehmen, aber mach dir bewusst, wenn du dich gut fühlst, strahlt das auch nach außen. Nimm dir also Zeit, dich um deine seelische Gesundheit zu kümmern. Lerne deine eigenen Bedürfnisse kennen. Was tut dir gut und was schadet dir? Was gibt dir Energie oder raubt dir Kraft? Hast du das Bedürfnis nach mehr Ruhe oder brauchst du mehr Zeit für dich? Achte darauf und unternimm erste Schritte in diese Richtung. Ist deine Seele gesund, lernst du besser, mit Schmerzen umzugehen und diese zu verarbeiten.

Schmerz zulassen und lernen

Schmerz gehört zu unserem Leben. Er ist ein Lehrer, Beschützer und zeigt uns, wenn etwas nicht in Ordnung ist. Es ist daher gefährlich, ihn zu ignorieren. Es ist wichtig, den Schmerz zuzulassen, ihn zu akzeptieren und Wege zu finden, mit ihm umzugehen. Wir müssen uns dem Schmerz aussetzen, ganz bewusst, auch wenn wir es nicht wollen. Doch verdrängen wir den Schmerz, bereiten wir den Nährboden für chronische Schmerzen, die uns unsere Lebensqualität rauben.

Schmerz bietet uns außerdem die Chance zu wachsen. Schmerzhafte Erfahrungen bergen immer das Potenzial für Wachstum. Die tiefen Täler, durch die wir alle gehen müssen, sind rückblickend die Momente, in denen wir am meisten gelernt haben. Wir haben gelernt, auf uns selbst zu vertrauen, dass wir stärker sind, als wir glauben und es schaffen, den Schmerz zu überwinden.

KAPITEL 3
HANDELN

Der Tatort – ein ungleicher Kampf

Unser Leben wird von unseren Handlungen bestimmt – wir entscheiden immer, ob wir eine Sache selbst in die Hand nehmen oder andere über uns bestimmen lassen. Wenn wir nicht handeln, kann das zu negativen Folgen führen, die sogar im Tod enden.

Eigentlich hatte ich schon Feierabend, als ich zu diesem Tatort gerufen wurde. Zum Glück habe ich auch in meinem privaten PKW immer eine Notausrüstung, und so entschied ich mich, direkt dorthin zu fahren. Als ich eintraf war klar, dass die Geschehnisse noch nicht lange zurücklagen. Vor Ort waren noch zwei Kripobeamte – ein Zeichen, dass hier entweder ein Unfall oder ein Gewaltverbrechen stattgefunden hatte.

Die Haustür des Mehrfamilienhauses stand offen und neugierige Nachbarn lugten aus ihren Wohnungen oder unterhielten sich im Flur. In voller Montur mit meinen Putzutensilien in einem Alukoffer in meiner Linken und Rechten, sah ich selbst so aus, als gehörte ich zur Spurensicherung, weshalb mich die Bewohner des Hauses ganz genau betrachteten. Sie sprachen mich an, wollten wissen, was genau vorgefallen war und versuchten, Informationen zu erhalten. Ganz abgesehen davon, dass ich selbst noch nicht wusste, was hier passiert war, würde ich Näheres über einen Tathergang niemals unbedacht preisgeben.

Im richtigen Stockwerk angekommen, sah ich, dass die Tür aufgetreten war, das Türschloss samt Beschlag lag auf dem Boden im Wohnungsflur. An der beigefarbenen Tür zeichneten sich blutige Fingerabdrücke ab. Das ließ nur grob erahnen, was hier auf mich zukam. Wie ich vermutete, teilten mir die Beamten mit, dass hier ein Gewaltverbrechen geschehen war.

Blutbad

In der Wohnung empfing mich ein echtes Blutbad, das ein Hollywood-Regisseur nicht besser hätte inszenieren können. Der ganze Flur war voll mit Blut. Bis in die weiteren Zimmer erstreckten sich Blutspuren. Die Menge an Blut erweckte den Anschein, als sei hier ein großes Tier geschlachtet worden. Die Spuren im Flur waren ungewöhnlich, fast so als hätte jemand das Opfer wie einen Sack Blumenerde über den Boden gezogen. Aus Erfahrung weiß ich, dass solche Blutspuren entstehen, wenn jemand auf dem Boden liegt und sich mit den Füßen abstößt, um sich vorwärts zu bewegen. Der erste Eindruck machte also schon deutlich, dass hier Schlimmes passiert sein musste. Ein Blick ins Wohnzimmer zeigte ebenfalls massive Kampfspuren. Am schlimmsten sah es allerdings im weiß gekachelten Badezimmer aus. Die Tür war hier aus den Angeln gerissen, dahinter wieder massenhaft Blut, das sich über den Fußboden verteilte und sogar an den Wänden und der Decke waren vereinzelte Spritzer.

Blutige Fußspuren

Inmitten des ganzen Blutes ließen sich einzelne Fußspuren ausmachen. Jemand muss hier barfuß durch die Wohnung gelaufen sein. Und dieser jemand hatte relativ kleine Füße, vielleicht Schuhgröße 36 oder 37. Es war ein nahezu perfekter Abdruck, wie bei einem Spaziergang am Sandstrand. Ich bemerkte die Abdrücke zunächst nicht, doch bei genauerem Hinsehen, waren sie überall in der Wohnung verteilt. Ich spekulierte natürlich, dass es sich hier um eine Frau handelte – die Frage war nur: Täter oder Opfer?

Insbesondere das verwüstete Badezimmer und die Tatsache, dass hier jemand sehr viel Blut verloren hatte, warfen Fragen auf. Ich wandte mich an einen der Kripobeamten: »Sagen Sie mal, was ist denn hier in aller Herrgottsnamen passiert? Wurde jemand abgeschlachtet?« »So könnte man es sagen.« Und dann berichtete er knapp über die Geschehnisse. Das Paar, das hier lebte, geriet in einen Streit. Dieser eskalierte und mündete in einen richtigen Kampf. Die Frau sei gewalttätig geworden und auf ihren Mann losgegangen. Dieser wehrte sich anfänglich noch, aber als sie ihn immer und immer wieder mit einem Messer angriff, wusste er nicht mehr, was er noch tun sollte. Sie verletzte ihn schwer. Sein Leben verdankte er wohl nur der glücklichen Tatsache, dass er es aus eigener Kraft noch schaffte, sich selbst einen Krankenwagen zu rufen. Da ich das Opfer im Nachhinein selbst kennenlernte und auch mit den Nachbarn sprach, konnte ich mir später mein eigenes Bild vom Tathergang machen.

Wutanfall mit Folgen

Das Opfer war einer der nettesten Menschen, die ich kennenlernen durfte. Er war zurückhaltend, fast schon devot und in keiner Weise aggressiv. Seine Partnerin war wohl eher das Gegenteil von ihm: impulsiv, temperamentvoll und zu Wutausbrüchen neigend. Sie war wesentlich jünger als er und bei den Nachbarn als laute und ungestüme Person bekannt. Diese hatten des Öfteren mitbekommen, wie sich das Paar gestritten hat. Sie hat ihn oft angeschrien, beleidigt und sogar tätlich angegriffen. Am Tag der Tat ist es dann vollkommen eskaliert.

Sie hat ihn wie nie zuvor angegriffen. Sie fügte ihm Schnittverletzungen zu, die zu schweren Blutungen führten. Er wusste sich wohl nicht mehr zu helfen und hatte sich bereits blutend auf die Couch gesetzt. Ein letztes Mal versuchte er, sich mit ihr auszusprechen und zu versöhnen. Zu diesem Zeitpunkt hatte er bereits eine Stichwunde im Schulterbereich und Schnittwunden an den Armen. Seine Versuche, den Streit zu schlichten, schlugen fehl. Sie griff ihn erneut mit dem Messer an. In seiner Panik suchte er Zuflucht im Badezimmer. Soweit es ihm möglich war, hatte er sich dort verbarrikadiert, in einem Kraftakt und mit Sicherheit unter großen Schmerzen, schaffte er es noch, die Waschmaschine vor die Tür zu schieben. Bei dieser Aktion fiel der Trockner um und landete in der Badewanne. Den Nachbarn konnte dieser ganze Krach nicht entgangen sein, dennoch entschlossen sie sich, nicht zu handeln. Niemand rief die Polizei oder hatte den Mut, einmal nachzusehen, ob alles in Ordnung ist. Seine Hoffnung, hier in Sicherheit zu sein, wurde jäh enttäuscht. Mit aller Gewalt drang seine Partnerin ins Badezimmer ein. Wie eine Furie musste sie gegen die Tür getreten haben, bis sich diese einen Spalt breit öffnete. Sie zwängte sich hindurch und trotz ihrer eher zierlichen Figur schaffte sie es, die Waschmaschine zur Seite zu schieben. Bei dem Anblick ihres Partners verspürte sie nicht etwa Reue über das, was sie getan hat, sondern fühlte sich noch mehr angestachelt, ihm weitere Verletzungen zuzufügen, wie die Blutspritzer, die überall im Raum und sogar an der Decke verteilt waren, zeigten. Auf dem Boden befand sich eine Blutlache. Solch einen Anblick habe ich nur selten erlebt. Zum Glück sorgte ein Klingeln an der Tür dafür, dass seine Freundin von im abließ. Die Sanitäter, die das Opfer vorher selbst gerufen hatte, beendeten das

Drama. Die Handlung, sich selbst einen Krankenwagen zu rufen, hat ihm das Leben gerettet.

Erstmal eine rauchen

Nachdem die Sanitäter den Mann vor Ort so gut es ging versorgt und ihn mit ins Krankenhaus genommen hatten, ist die Täterin ganz gemütlich durch die Wohnung gelaufen. Sie tapste durch das Blut ihres Partners und zündete sich anschließend in aller Seelenruhe auf dem Balkon eine Zigarette an und wartete auf die Polizei, wie mir die Nachbarn später berichteten. Sie tippte auf ihrem Handy herum und schien von der ganzen Situation relativ unbeeindruckt. Sie hatte sich nicht einmal die Mühe gemacht, ihre blutverschmierte Kleidung zu wechseln. Auf dem Balkon waren ebenfalls blutige Fußabdrücke und Spuren von Blut befanden sich auf dem Geländer. Ein Nachbar erzählte mir im Nachgang, dass sie sich ganz normal mit ihm unterhalten hätte. Wegen ihres »irren Blicks«, hatte sich der Nachbar nicht getraut, näher nachzufragen, was passiert sei.

Geht mich nichts an

Sie hatte ihren Mann fast umgebracht – auf seinen Oberkörper, seine Arme und Oberschenkel eingestochen. Aus meiner Erfahrung als Türsteher weiß ich, wie schmerzhaft solche Stichverletzungen sind und wie viel Blut der Körper sofort verliert.

Es muss das Opfer wahnsinnig viel Anstrengung gekostet haben, mit solchen Verletzungen noch durch die Wohnung zu laufen.

Das Paar war wohl recht unterschiedlich: Er war kräftig und erinnerte mich immer ein bisschen an Balu den Bären aus dem Dschungelbuch: gemütlich, freundlich, gut gelaunt. Sie wurde zwar im Allgemeinen von den Nachbarn auch als freundlich beschrieben, aber es war bekannt, dass sie ihn häufig rundmachte. Gab es einen Streit, so hörte man nur sie schreien - er hat nie die Stimme gegen sie erhoben.

In den eineinhalb Tagen, die ich brauchte, um die Wohnung von sämtlichen Blutspuren zu reinigen, bin ich natürlich in den Pausen mit dem ein oder anderen Hausbewohner ins Gespräch gekommen. Eine Nachbarin war besonders redselig und meinte, dass sie und andere schon immer wussten, dass bei den beiden einmal so etwas passieren würde. Ich fragte mich an dieser Stelle: Wenn es doch alle ahnten, warum haben sie nicht versucht, es zu verhindern? Warum haben sie nicht gehandelt? »Das ging uns ja alles gar nichts an«, war die Antwort. Schließlich wollte sich niemand in das Leben der Nachbarn einmischen - auch wenn alle fleißig dabei waren, darüber zu sprechen. Im Grunde wusste also jeder, dass eines Tages etwas Schlimmes passieren würde, aber niemand ergriff die Initiative, es zu verhindern.

Das traurige Ende

Jetzt könnte man annehmen, dass der Mann sich nach so einer Bluttat von seiner Freundin trennen würde. Doch das war nicht der Fall. Ich suchte den Kontakt zu ihm, da mich zum einen seine Geschichte interessierte und ich zum anderen auch ganz pragmatisch eine Qualitätskontrolle nach jeder Reinigung durchführe. Sprich, ich frage, ob alles zur Zufriedenheit des Kunden abgelaufen ist. Als ich ihn im Krankenhaus besuchte, erzählte er mir, dass er doch nie wieder eine so hübsche Frau abbekommen würde. Für mich war das unverständlich. Sie hatte zu Hause die Hosen an, kümmerte sich um alles und er wollte nicht darauf verzichten.

Es ging nicht lange gut, aus dem Krankenhaus zurück kam es wieder zu einem heftigen Streit. Daraufhin wurde sie für eine Zeitlang in die Psychiatrie eingewiesen. Als sie wieder entlassen wurde, kam es zum finalen Streit. Dieser zog leider nach sich, dass meine Tätigkeit als Tatortreiniger wieder gebraucht wurde. Für den Mann endete diese Auseinandersetzung tödlich. Seine unerschütterliche Liebe hat sein Handeln blockiert. Wahrscheinlich spielte es auch eine Rolle, dass er nicht aus seinem »bequemen« Leben aussteigen konnte.

Der Mann musste mit seinem Leben bezahlen, weil er es nicht schaffte, rechtzeitig zu handeln. Der Grundsatz »besser spät als nie« gilt nicht für jede Situation. Wir müssen handeln, bevor eine sich anbahnende Katastrophe wirklich passiert.

Wie beeinflusst Handeln unser Leben?

Das Thema Handeln ist für mich zentral. Es ist erschreckend zu beobachten, wie wenig Zivilcourage, Nachbarschaftshilfen, Ehrenämter sowie Wille, sich politisch oder in Vereinen einzubringen, in unserer Gesellschaft vorherrschen. Wenn ich mich so umschaue, drängt sich mir das Gefühl auf, es ist aus der Mode gekommen, sich über ein Mindestmaß anzustrengen oder einzubringen. Dabei gibt es eine Menge guter Gründe, sein Leben aktiv zu gestalten, Entscheidungen zu treffen, Selbstverantwortung und Verantwortung für andere zu übernehmen.

Handeln und Motivation

Zusammengefasst beschreibt Motivation den Zustand eines Menschen, der ihn veranlasst, bestimmte Handlungen vorzunehmen, um damit ein bestimmtes Ergebnis zu erreichen.

Grundsätzlich lässt sich die Motivation in intrinsische und extrinsische differenzieren. Die intrinsische Motivation ist unser eigener Antrieb von innen heraus. Wir machen etwas, weil es uns Spaß macht, wir glücklich sind, es uns begeistert und herausfordert. Im Ergebnis geht es hier nicht um Vorteile, Geld oder Anerkennung von außen, sondern um unsere innere Zufriedenheit. Aus diesem Antrieb wählen wir auch meistens unsere Hobbys aus, zum Beispiel ein Musikinstrument oder eine Sportart zu erlernen. Die extrinsische Motivation kommt im Gegensatz von außen. Stellt uns der Arbeitgeber eine Beförderung oder mehr Lohn in Aussicht, kann es uns dazu motivieren, mehr zu leisten.

Handeln heißt Entscheiden

Der berühmte chinesische Philosoph Laotse sagte bereits vor über 2500 Jahren: »Verantwortlich ist man nicht nur für das, was man tut, sondern auch für das, was man nicht tut.«

Wir können uns nicht nicht entscheiden. Selbst wenn wir uns nicht entscheiden, haben wir uns doch entschieden: für die Unentschiedenheit. Häufig hindert uns die Angst, eine Fehlentscheidung zu treffen, zu handeln. Aber wer oder was ist dafür verantwortlich, dass wir uns für etwas entscheiden und damit ins Handeln kommen?

Verstand vs. Gefühl

Seit der Epoche der Aufklärung glaubten die Menschen, dass der Mensch ein rationales Wesen sei, Entscheidungen also ausschließlich mit dem Verstand gefällt würden. Neurowissenschaftler haben jedoch in den letzten Jahrzehnten herausgefunden, dass dies ein Trugschluss ist.

Emotionen führen zum Handeln, der Verstand zu Beurteilungen. Wir hatten dieses Thema bereits beim Kapitel Angst. Bewertungen entstehen durch Denkprozesse. Wir fällen täglich Hunderte von Entscheidungen und die meisten davon aus einem Bauchgefühl, einer Emotion heraus. Erst wenn Entscheidungen komplex werden, schaltet sich der Verstand ein.

Wer sitzt auf dem Regiestuhl?

Wenn wir nicht entscheiden, dann tut es ein anderer für uns. Die Szenarien, in denen wir Entscheidungen zu fällen haben, hängen von unseren verschiedenen Lebensrollen ab.

Ich stelle mir das gerne bildlich vor: Eine Bühne, davor ein Klappstuhl, auf dem »Regie« steht. Auf der Bühne stehe ich in meinen verschiedenen Rollen als Vater, Ehemann, Unternehmer, Sohn, Bruder, Freund, Nachbar und so weiter. Sitze ich bei allen Szenen auf dem Regiestuhl oder sitzt vielleicht auch mal eine fremde Person darauf, die Dinge für mich entscheidet, wie ich es vielleicht gar nicht möchte? Werde ich von manchen Personen oder Dingen fremdgesteuert oder führe immer ich Regie?

Einer entscheidet immer: die Umstände, eine andere Person oder man selbst. Selbstverantwortung bedeutet, Verantwortung für sich selbst zu übernehmen. Mit allen Freuden und Anstrengungen, die das mit sich bringt. Im Falle der Passivität sollte man sich also unbedingt die Frage stellen: Wer sitzt da gerade auf meinem Stuhl? Angst? Unlust? Sucht? Chef? Trauer? Schmerz? Oder sitzt da die Komfortzone?

Insbesondere, wenn wir wissen, dass uns etwas nicht guttut, ist es schwer, gegen die Gewohnheit anzugehen. In unserem Beispiel wurde die Frau nicht zum ersten Mal handgreiflich. Wieso trennte ihr Partner sich nicht aus einer solch toxischen Beziehung? Warum rauchen Menschen weiter, wenn sie doch wissen, wie gesundheitsschädlich es ist? Warum bleiben Menschen jahrelang an ihrem Arbeitsplatz, obwohl er sie so krank macht, dass sie psychosomatische Symptome haben?

Was uns am Handeln hindert ...

Man sagt, Hoffnung sei ein langsames Gift. Ich sage, hoffen ist das Gegenteil von Handeln. Wer handeln möchte, braucht Mut, Entschiedenheit, Souveränität. Folgende Ängste, die viele Menschen am Handeln hindern, gilt es neu zu bewerten.

Jeder kann dies erlernen, wie wir in den Kapiteln Angst und Schmerz erfahren haben. Man muss es nur tun.

Die Angst, es könnte funktionieren!

Wenn es wirklich klappt und Erfolg hat, dann gibt es kein Zurück mehr – aus diesem Grund haben viele Menschen Angst davor zu handeln.

Die Angst, dass es schlimmer wird.

Es könnte schiefgehen – eine Angst, die manche so sehr behindert, dass sie die Initiative nicht ergreifen können.

Die Angst vor Veränderungen

Der Mensch ist ein Gewohnheitstier. Jedes Handeln bringt eine Veränderung mit sich, deren Ergebnis ungewiss ist. Aus diesem Grund leiden Menschen oftmals lieber, als ihre Komfortzone zu verlassen.

Die Angst vor Verantwortung

Die Angst vor Verantwortung sich selbst oder anderen gegenüber lähmt viele Menschen und hält sie vom Handeln ab.

Der Zweifel, trotz Aufwand nichts bewirken zu können

»Falls du glaubst, dass du zu klein bist, um etwas zu bewirken, dann versuche mal zu schlafen, wenn eine Mücke im Raum ist.« Dieses Zitat vom Dalai Lama zeigt unmittelbar auf, dass diese Angst meist unberechtigt ist.

Unklarheit und Zweifel darüber, was man eigentlich will
Viele Menschen wissen gar nicht, wer sie sind, was sie wollen, warum sie es wollen, welches Ziel sie verfolgen.

Glaubenssätze

Etwa 80 Prozent unseres Denkens, Fühlens und Handelns werden von unserem Wertesystem und unseren Glaubenssätzen gesteuert.[19] Sie bestimmen weitestgehend, wie wir etwas bewerten und wahrnehmen. »Das schaffst du doch nie«, »Ich habe es nicht besser verdient«, »Was kann ich denn schon groß bewirken?«. Diese Aussagen sind für eine aktive Lebensgestaltung nicht förderlich.

Allerdings können Glaubenssätze genauso wie die Bewertungen kognitiv »umgeschrieben« werden. »Ich schaffe das«, »Ich bin eine große Unterstützung für das Unternehmen«, »Ich habe es verdient, dass man mich respektvoll behandelt«. Das hört sich doch schon viel besser an.

Drittes Prinzip: Wir entscheiden immer

Die zentrale Frage, wenn wir über das Thema Handeln sprechen, lautet, warum so wenig Menschen ihr Leben aktiv gestalten. Auf einige Gründe bin ich im vorigen Kapitel bereits eingegangen. Aus eigener Erfahrung weiß ich, dass aktive Handlungen nur aus uns selbst heraus entstehen. Wir können andere nicht verändern und auch wenn wir noch so oft sagen: »Hier solltest du dich unbedingt mal kümmern und aktiv werden«, passiert noch lange nichts. Es ist daher umso wichtiger, uns auf uns selbst zu konzentrieren, die Regie für unser Leben zu übernehmen, Selbstverantwortung zu übernehmen und aktiv zu werden, um unser Leben positiver, zufriedener, glücklicher und erfolgreicher zu gestalten.

Es läuft doch alles ...

Das Beispiel aus der Tatortgeschichte macht deutlich, was passiert, wenn wir unser Leben nicht aktiv gestalten. Nach dem Kampf in der Wohnung habe ich im Krankenhaus noch einmal mit dem Mann gesprochen und erfahren, wie er die Situation einschätzte. Er erzählte mir, er sei bei seiner Frau geblieben, weil er nicht wisse, ob er jemals wieder so eine hübsche Freundin finden würde. Er hatte Selbstzweifel und Angst vor den Veränderungen, die auf ihn zukommen würden, wenn er wieder Single wäre. Also hat er keine Selbstverantwortung übernommen und die Führung seiner Partnerin überlassen. Für ihn war das sehr bequem, denn aufgrund seiner beruflichen Position musste er viele Entscheidungen treffen. Aus diesem Grund hatte der das Kommando zu Hause seiner Frau überlassen, sie sollte bestimmen. Um in seiner Komfortzone bleiben zu können, nahm er auch ihre temperamentvollen Wutausbrüche in Kauf. Aus seiner Sicht lief alles gut, daher sah er keinen Handlungsbedarf.

Wie hättest du in dieser Situation reagiert? Wärst du aus Angst davor, keinen neuen Partner zu finden, in der Beziehung geblieben? Wie wohl fühlst du dich in der eigenen Komfortzone und wann bist du bereit, sie zu verlassen?

Das Leben liegt außerhalb der Komfortzone

An sich gibt es an der Komfortzone nichts zu kritisieren. Hier fühlen wir uns wohl und sicher. Es ist für uns angenehm, in der Komfortzone zu bleiben, wir wissen genau, was uns erwartet und was von uns erwartet wird. Diese Zone ist bei jedem Menschen unterschiedlich. Für den einen mag das Verlassen seiner persönlichen Komfortzone schon damit einhergehen, einen anderen Supermarkt aufzusuchen, und für einen anderen beginnt das Ende der Komfortzone erst mit einem dreiwöchigen Abenteuerurlaub in Alaska. Ich habe auch meine Komfortzonen, das Bekannte ist das Bequemste. Oftmals verharren wir in dieser Zone aus Angst vor Veränderung und wir können uns immer alles schönreden. Doch aus persönlicher Erfahrung kann ich sagen, dass Entwicklung, Erfolg und Wachstum nur außerhalb der Komfortzone aufgrund von Herausforderungen möglich sind. Wer partout nicht über seinen Tellerrand blicken will, verpasst großartige Chancen und Gelegenheiten. Das wunderbare Gefühl, etwas erreicht zu haben, gibt es nicht innerhalb der Komfortzone. Faulheit und Bequemlichkeit sind die Hauptfaktoren, die uns in unserer bekannten Welt halten. Je besser wir uns auskennen, desto weniger müssen wir uns anstrengen.

Doch möchtest du wirklich dein Leben im Autopilot führen? Stell dir deine Komfortzone wie einen goldenen Käfig vor. Du hast dort alles, was du brauchst, aber es ist und bleibt ein Käfig. Oftmals helfen schon kleine Schritte dabei, zu neuen Ufern aufzubrechen. Sei nicht enttäuscht, wenn nicht alles gleich von Anfang an funktioniert, sondern gewöhne dich langsam daran, Schritt für Schritt Neues zu wagen.

Die folgenden Tipps helfen dir, deine Komfortzone jeden Tag ein bisschen mehr zu verlassen.

Tipp 1

Motivation. Es ist nicht einfach, die Komfortzone zu verlassen. Dafür braucht es Mut und Motivation, Ungewohntes auszuprobieren. Das fängt schon im Kleinen an, stell dir zum Beispiel einmal vor, was du erleben könntest, wenn du einen anderen Supermarkt ausprobierst, oder wie sich deine Gesundheit verbessert, wenn du deine Ernährung veränderst. Notiere deine Motivation und das, was du mit etwas Neuem erreichen kannst: »Wenn ich ein neues Rezept ausprobiere, werde ich ein neues Geschmackserlebnis haben und meinem Körper etwas Gutes tun.« »Wenn ich mich zu einem Fitnesskurs anmelde, werde ich fitter und treffe neue Menschen mit dem gleichen Ziel.« Nutze das positive Gefühl, das sich bei diesen Gedanken einstellt, um dich zu motivieren und endlich anzufangen.

Tipp 2

Don't care. Der griechische Philosoph Platon sagte: »Ich kenne keinen sicheren Weg zum Erfolg, aber einen sicheren Weg zum Misserfolg: Es allen recht machen zu wollen.« Mache dir bewusst, dass, wenn du deine Komfortzone verlässt, nicht alle in deinem Umfeld dich feiern werden. Du wirst es nie allen recht machen können, aber lasse dich nicht von der Meinung anderer bremsen, denn es geht darum, dass du glücklich wirst.

Tipp 3

Löffelliste. Stell dir vor, du feierst deinen 80. Geburtstag. Auf welch ein Leben möchtest du zurückblicken? Willst du sagen »Es war o. k. ...« oder willst du etwas zu erzählen haben? Eine persönliche Löffelliste hilft dir deine Komfortzone zu verlassen. Schreibe dir die Punkte auf, die du unbedingt in deinem Leben noch erreichen möchtest. Willst du zum Beispiel einmal im Casino in Las Vegas spielen, einen Roadtrip nach Spanien machen, in einem Iglu übernachten, einmal Golf spielen und so weiter. Male dir aus, wie es ist, wenn du dieses Abenteuer erlebst und plane gezielt, wie du deinen Traum umsetzen kannst.

Tipp 4

Routine – nein danke. Ändere einmal bewusst deine täglichen Routinen (mehr Tipps zum Ändern der Gewohnheiten gibt es weiter unten). Nimm dir vor, früher aufzustehen, und nutze die dadurch gewonnene Zeit sinnvoll – meditiere, treibe Sport, bereite dir ein gesundes Frühstück zu. Routinen aufzubrechen ist enorm wichtig, wenn du deine Komfortzone verlassen willst. Du kannst zum Beispiel einen anderen Weg zur Arbeit wählen, zu einer anderen Zeit Pause machen oder einmal mit anderen Kollegen Mittagessen gehen. Bereits kleine Veränderungen können viel bewirken.

Tipp 5

Kontaktaufnahme. In der Komfortzone ist oft kein Platz für fremde Menschen. Jemanden anzusprechen, sei es beim Einkaufen, im Café oder auch nur, um nach dem Weg zu fragen, kostet Überwindung und ist in der heutigen Zeit nicht mehr üblich. Eine perfekte Gelegenheit, deine Komfortzone zu verlassen, ist, gerade das zu tun. Gehe offen auf Fremde zu und suche das Gespräch. Diese Erfahrungen stärken dein Selbstbewusstsein, und wer weiß, vielleicht findest du so auch neue Freunde oder Geschäftskontakte, die dein Leben bereichern?

Tipp 6
Worst Case vs. Best Case. Du bist bereit, etwas Neues anzugehen, aber traust dich nicht? Dann stell dir einmal vor, was im schlimmsten Fall passieren kann. Ist es tatsächlich so schrecklich? Meistens nicht. Dann überlege dir, wie positiv es sein kann, wenn du diese Entscheidung triffst. Rufe dir das Gefühl in Erinnerung, das du verspürt hast, als du früher schon mal eine Herausforderung gemeistert hast. Stell dir jetzt vor, wie du mit genau dieser Situation erfolgreich umgehst und es möglicherweise perfekt läuft. Du merkst allein schon dadurch, wie viel Spaß dir dieser Gedanke bereitet, deine Komfortzone zu verlassen.

Tipp 7
Nicht zu viel wollen. Hast du deine Komfortzone verlassen, dann befindest du dich automatisch erst einmal in einer Zone der Angst, bevor du in die Lern- und Wachstumszone kommst. Natürlich wird dich das herausfordern und stressen. Überfordere dich nicht selbst, indem du zu viel auf einmal möchtest. Versuche, mit kleinen Schritten zu beginnen, und halte dann inne, um deine

Gefühle zu analysieren. Sorge für ausreichend Pausen und Entspannung, um den Spaß nicht zu verlieren.

Selbstverantwortung

Das Leben in die eigene Hand nehmen. Etwas kreieren, Abenteuer erleben, die große Liebe finden, finanziell unabhängig sein, Freiheit genießen. Wer möchte das nicht? Doch frage dich ehrlich: »Übernehme ich Verantwortung für mein Leben?«, »Entscheide ich, was in meinem Leben passiert?«. Du allein bist für dein Lebensglück verantwortlich – diesen Satz solltest du dir immer wieder vor Augen führen.

Die Verantwortung über dein Leben anderen Menschen zu überlassen, wird dich nicht glücklich machen. Es ist nicht die Aufgabe deines Partners, deiner Familie, deiner Freunde oder deines Arbeitgebers, für dich und deine Zufriedenheit zu sorgen. Häufig denken Menschen aber genau das. Sie meinen, nichts ausrichten zu können. Sie glauben, es sei die Schuld der anderen, wenn es ihnen nicht gut geht, oder sie schieben alles auf das Schicksal, dass das eigene Leben so und nicht anders verläuft: »Das Leben ist unfair und gibt mir keine Chance.« »Die Politik müsste endlich etwas verändern, damit ich besser leben kann.« Oder: »Ich kann ja nichts dafür, dass es mir nicht gut geht.« Meiner Meinung nach sind das alles faule Ausreden, um nicht selbst die Verantwortung zu übernehmen.

Wir neigen dazu, das Verhalten anderer Menschen auf ihre Persönlichkeit zurückzuführen. Lisa ist nun mal extrovertiert und geht offen auf Menschen zu, Paul ist schüchtern, kein Wunder, dass er nicht gerne telefoniert. Für unser eigenes Verhalten hingegen machen einige Personen gerne andere Menschen, Umstände und Situationen verantwortlich. »Wie soll ich denn vernünftig fahren, wenn der hinter mir so dicht auffährt?«, »Ich komme zu spät, weil der Bus eine andere Strecke gefahren ist« – kommt dir das bekannt vor? Die anderen sind schuld an deinem Verhalten. Wir schützen uns dadurch vor einer negativen Bewertung unserer Persönlichkeit. Wer gibt schon gerne zu, dass er unzuverlässig oder vergesslich ist? Frage dich, wo dein Anteil an dieser Situation ist. Die Schuld woanders zu suchen, ist immer leicht. Sich als Opfer der Umstände zu betrachten und jegliche Verantwortung abzugeben, hat nichts mit Selbstverantwortung oder Selbstbestimmung zu tun. Sich einfach zurücklehnen und in Selbstmitleid zu baden, weil die Welt so schrecklich unfair ist, macht nicht glücklich.

Selbstverantwortung bedeutet, das eigene Leben selbst in der Hand zu haben, bewusste Entscheidungen treffen zu können und direkt Einfluss auf die Umwelt zu nehmen. Es bedeutet, auch im Nachhinein die Verantwortung für das eigene Handeln zu übernehmen – ob das Ergebnis positiv oder negativ ist, spielt keine Rolle.

Verzichtest du auf Selbstverantwortung mag das einfach sein, du musst dich um nichts kümmern und kannst es dir gemütlich machen. Doch Selbstverantwortung lohnt sich schon aus einem elementaren Grund: Niemand anderes wird für dich und dein Leben die Verantwortung übernehmen. Warte nicht darauf, dass dich jemand an der Hand nimmt und dir genau sagt, was du tun sollst und worauf du achten musst, um ein glückliches Leben führen zu können.

Selbstverantwortung ist der Schlüssel – ob bei Problemen im Privatleben, im Beruf oder in Beziehungen. Die Lösung wird dir nicht auf einem Silbertablett präsentiert, sondern du musst sie dir selbst erarbeiten. Selbstverantwortung kommt nicht immer von allein. Sie zu erlernen ist oft schwierig und wer sich bisher immer schön vor der Verantwortung gedrückt und anderen die Schuld für alles gegeben hat, sollte nicht enttäuscht sein, wenn nicht sofort ein Wunder geschieht. Dennoch gilt: Ein freies und selbstbestimmtes Leben ist nur dann möglich, wenn du nicht andere auf dem Regiestuhl deines Lebens sitzen lässt.

Diese Tipps helfen dir, mehr Selbstverantwortung zu übernehmen:

Tipp 1

Ich. Wir neigen dazu, sehr allgemein zu formulieren: »Man müsste mal …« Wie du etwas sagst, zeigt sehr deutlich, ob du die Verantwortung übernimmst oder versuchst, dich um etwas zu drücken. Um mehr Selbstverantwortung zu erlangen, hilft es auch, die Sprache zu ändern und persönlicher aus der Ich-Perspektive zu sprechen: »Ich habe mir darüber noch keine Gedanken gemacht«, »Ich kann die Situation erklären«, »Ich werde mit dem Kunden über den Fehler sprechen« und so weiter. Eine Veränderung der Sprache beeinflusst auch das Bewusstsein und damit deine Einstellung. Dann fällt es nicht mehr so leicht, die Schuld bei anderen oder bei den Umständen zu suchen.

Tipp 2

Raus aus der Opferrolle. Hör auf damit, dich nur als Opfer zu sehen, sondern frage dich in der fraglichen Situation: »Was ist mein Anteil daran?« Du hast immer die Wahl, dich für oder gegen etwas zu entscheiden und kannst damit täglich dein Leben beeinflussen. Ganz banal gesagt, kannst du dich jeden Tag dafür entscheiden drei Schokoriegel zu essen – es ist ganz alleine deine Wahl und nicht der Stress, der gute Geschmack, der Hunger, die daran

Schuld sind, dass du zunimmst. Beginne zu akzeptieren, dass du dein Leben selbst in der Hand hast und niemand außer dir dafür verantwortlich ist, glücklich, zufrieden und erfolgreich zu sein. Wenn du diesen Gedanken verinnerlichst, wird es dir leichter fallen, bewusster Entscheidungen zu treffen und Selbstverantwortung zu übernehmen.

Tipp 3

Nein. Deine Familie, deine Arbeitskollegen und Freunde bitten dich ständig um etwas oder wollen, dass du etwas tust, was du eigentlich gar nicht möchtest. Trau dich, Nein zu sagen, auch wenn es für deine Mitmenschen unbequem ist. Fällt es dir schwer, dann kannst du zunächst mit der »light« Version starten: Erkläre, warum du den schwierigen Kunden nicht übernehmen kannst, warum du heute nicht für die Party einkaufen kannst oder warum du eine Verabredung absagen möchtest. Entscheidend ist, dass du bei deiner Entscheidung bleibst und hinter deinem Nein stehst.

Tipp 4

Ziele. Du hast dir Ziele gesetzt? Sehr gut! Du möchtest mit dem Rauchen aufhören, mehr Sport treiben, die Beförderung am Arbeitsplatz. Der Weg dahin ist oft gepflastert von Unsicherheiten und auch dem ein oder anderen Rückschlag. Statt zuhause zu sitzen und zu denken »Es wäre so schön, wenn ...« sprich mit anderen über deine Ziele. Oft ergeben sich daraus neue Perspektiven. Deine Freunde werden dir wahrscheinlich keine Zigaretten mehr anbieten oder fragen, ob du mitkommst zum Rauchen, wenn sie wissen, dass du damit aufhören willst.

Indem du andere miteinbeziehst, übernimmst du die Verantwortung dafür, dass sich wirklich etwas ändert. Weiß dein Umfeld von deinen Zielen, kommst du in Zugzwang und wirst dafür mehr tun, als wenn niemand davon weiß.

Tipp 5

Einstellungssache. Verändere deine Einstellung. Die Umstände, die Vergangenheit oder andere Menschen über dein Glück entscheiden zu lassen, ist der falsche Weg. Entwickle vielmehr eine positive Einstellung zu deinem Leben und lass dich nicht von Rückschlägen, übertriebenem Perfektionismus oder dem Streben nach Beliebtheit oder Kontrolle davon abbringen. Hinterfrage deine Einstellung und dein Handeln in bestimmten Situationen. Weist dich ein Kollege zum Beispiel auf einen Fehler hin, grübele nicht lange, sondern nutze die Chance, es beim nächsten Mal besser zu machen.

Tipp 6

Ja zu Fehlern. Übernimmst du Selbstverantwortung, dann bedeutet das auch, dass du zu deinen Fehlern stehst. Versuche nicht, die Schuld auf andere zu schieben oder so zu tun, als wäre gar nichts passiert. Niemand ist perfekt und alle Menschen machen Fehler. Ein offener und ehrlicher Umgang mit deinen Fehlern bringt dabei für dich gleich mehrere positive Aspekte mit sich. Erstens hast du die Möglichkeit, daraus zu lernen und dich weiterzuentwickeln. Zweitens, jemand, der offen zu seinen Fehlern steht, bekommt von anderen Respekte und Anerkennung, da viele nicht dazu in der Lage sind, persönliche Schwachstellen zu offenbaren.

Tipp 7

Lebe. Erinnerst du dich an das Gefühl der Aufregung vor dem letzten Urlaub? Das Glücksgefühl, als du ein Projekt erfolgreich abgeschlossen hast? Weißt du noch, wie es sich anfühlt, wenn du vollkommen in einer Sache aufgehst und die Zeit wie im Flug vergeht? Genieße diese positiven Gefühle! Schreibe auf, in welchen Situationen du dich besonders gut gefühlt hast und warum. Frage dich, wie du handeln kannst, um dich in diese positive Gefühlslage zu versetzen. Hier schließt sich der Kreis: Positive Gefühle entstehen, wenn du deine eigenen Entscheidungen triffst und Selbstverantwortung übernimmst. Es ist dein Leben und du bist der Regisseur und niemand muss verstehen, warum du dich zum Beispiel gegen die gut bezahlte Stelle und für das Start-up entscheidest. Denn niemand außer dir selbst lebt dein Leben.

Zivilcourage

Wahrscheinlich hast auch du im Alltag schon die ein oder andere Situation beobachtet, in der sich ein Mensch in einer unangenehmen Lage befand. Hier ist Zivilcourage gefragt. Dabei geht es längst nicht immer um Leben und Tod. Zivilcourage fängt im Kleinen an – in alltäglichen Situationen. Das ist aber manchmal gar nicht so einfach. Wenn eine andere Person beleidigt, bedrängt, angepöbelt oder gar verletzt wird, kostet es Mut zu handeln.

Du hast einige Möglichkeiten, hier einzugreifen, um Schlimmeres zu verhindern. Es ist wichtig, dass du die Initiative ergreifst. Nur dann beginnen auch weitere Personen zu handeln. In vielen Fällen warten andere Menschen nur darauf, dass eine Person Courage zeigt, um dann ebenfalls zu helfen.

Hast du dir vorgenommen, mehr Zivilcourage zu zeigen, dann helfen folgende Schritte, wenn du eine brenzlige Situation beobachtest.

Schritt 1

Die Situation aufmerksam beobachten. Wir alle sind gerne mit uns selbst beschäftigt und bekommen manchmal gar nicht mit, was um uns herum passiert. Versuche daher, im Alltag Situationen differenziert zu bewerten. Nur weil jemand ein weinendes Kind an der Hand durch den Supermarkt führt, heißt das nicht automatisch, dass du eingreifen musst. Achte auf dein Bauchgefühl – kommt dir etwas komisch vor, solltest du überlegen, wie du eingreifen kannst. Je früher du eingreifst, desto wahrscheinlicher ist es, dass eine Eskalation verhindert wird. Es lässt sich auch durch Aufmerksamkeit präventiv handeln. Setze dich zum Beispiel in öffentlichen Verkehrsmitteln neben Personen, die möglicherweise gefährdet sind. Das kann schon helfen, eine unangenehme Situation zu vermeiden. Bemerkst du, dass jemand ängstlich ist, dann kannst du diese Person auch ansprechen und deine Hilfe anbieten. Wenn nichts passiert, hast du dich wenigstens nett unterhalten.

Schritt 2

Übernimm Verantwortung. Wahrscheinlich hast du auch schon erlebt, dass Menschen eher dazu neigen zuzuschauen als einzugreifen. Niemand fühlt sich dafür verantwortlich, wenn die ältere Dame geschubst wird und stürzt oder ein paar rebellische Jugendliche jeman-

den anpöbeln. Je mehr Menschen einen solchen Vorfall beobachten, desto mehr steigt das Risiko, dass niemand eingreift. Insgeheim denkt sich jeder, dass doch auch ein anderer eingreifen kann. Diesem sogenannten Bystander-Effekt unterliegen wir alle – wir sind unsicher, was wir jetzt tun sollen. Wir fühlen uns zwar für einen kurzen Moment verantwortlich, aber dann ist das Gefühl auch schon wieder verflogen. Steuere bewusst dagegen an und rufe dir in den Sinn, dass du jetzt verantwortlich bist. Selbstverständlich geht es auch hier um die richtige Balance. Kein Mensch kann immer couragiert eingreifen. Manchmal mag es deine Aufgabe sein, andere zum Handeln aufzufordern oder die Polizei zu rufen.
Wie schon erwähnt, ist Zivilcourage auch etwas, was du im kleinen Kreis üben kannst. Habe den Mut, ganz offen anzusprechen, wenn sich zum Beispiel dein Kollege sexistisch äußert oder wenn in deinem Freundeskreis jemand häufig beleidigend wird. Hier kannst du einmal »üben« und bist danach eher bereit, auch Unbekannte auf ihr inkorrektes Verhalten anzusprechen.

Schritt 3

Suche dir Mitstreiter. Bevor du alleine eingreifst, solltest du dich umsehen, ob nicht noch andere Personen vor Ort sind, die dich unterstützen können. Selbst wenn jemand im ersten Moment wenig aggressiv erscheint, kann die Situation eskalieren. Je mehr Mitstreiter du hast, umso größer ist Wahrscheinlichkeit eine Eskalation zu verhindern. Sieht sich ein »Täter« vielen »Gegnern« gegenüber, wird er eher den Rückzug antreten. Es hilft dabei, wenn du andere Personen direkt ansprichst: »Sie, mit der gelben Jacke, können Sie mir helfen?« Fühlen wir uns direkt angesprochen, dann sind wir eher dazu geneigt zu handeln, als wenn nur zur Allgemeinheit gesprochen wird.

Schritt 4

Spiele nicht den Helden. Niemand verlangt von dir, dass du Heldentaten vollbringst und dich einem unnötigen Risiko aussetzt. Sei dir immer bewusst, dass es in gefährlichen Situationen besser ist, sich Hilfe zu holen und die Polizei zu informieren.

Schritt 5

Das Opfer versorgen und Details behalten. Kommt es zu einer Eskalation, hat die Versorgung des Betroffenen die höchste Priorität. Sprich die Person an, höre ihr zu und rufe gegebenenfalls Hilfe. Bleibe am besten bei dem Betroffenen und beruhige ihn. Erst, wenn du ihn versorgt hast, kannst du darüber nachdenken, den Täter zu verfolgen. Versuche, dir so viele Details wie möglich zu merken. Wie sah der Täter aus? Welche Kleidung trug er? Hatte er auffällige Merkmale? Am besten du notierst dir vor Ort die wichtigsten Details. Um eine Tat aufzuklären, helfen auch scheinbar unwichtige Dinge.

Ändere deine Gewohnheiten

Du hast jetzt schon einiges darüber gelesen, wie du deine Komfortzone verlassen kannst, Selbstverantwortung übernimmst oder Zivilcourage beweist. Auch unsere Gewohnheiten nehmen Einfluss auf unser Handeln. Der Mensch ist im Prinzip ein Gewohnheitstier. Es fällt uns schwer, unsere über die Jahre einstudierten Abläufe zu verändern. Ein erster Schritt dazu ist das Verlassen der Komfortzone. Stellst du hierbei zum Beispiel fest, dass dir Meditieren zu Beginn des Tages guttut, heißt das noch lange nicht, dass du es jetzt jeden Morgen machen wirst. Gewohnheiten zu ändern braucht Zeit.

Wie sieht deine Morgenroutine aus? Bist du eher der Typ, der jede Sekunde ausnutzt, die er schlafen kann und dann in Rekordzeit bereit ist, das Haus zu verlassen? Oder bist du jemand, der morgens Sport macht, frühstückt und erst danach mit den ersten Aufgaben des Tages beginnt? Wir alle haben unsere Gewohnheiten, die sich über viele Jahre etabliert haben. Manches davon haben wir vielleicht sogar schon von unserem Elternhaus übernommen. War das Mittagessen mit der Familie am Sonntag für uns schon immer eine Gewohnheit, werden wir es wahrscheinlich auch mit unserer eigenen Familie zelebrieren.

Die »Macht der Gewohnheit« bestimmt maßgeblich unseren Alltag. Und sind wir ehrlich, es ist nicht leicht, eine neue Gewohnheit anzueignen oder eine alte, liebgewonnene abzulegen. Wir müssen bewusst handeln, wollen wir unser Leben in positiver Weise verändern.

Folgende drei Tipps helfen, eine neue Gewohnheit dauerhaft zu etablieren.

Tipp 1

Weshalb. Frage dich, weshalb du etwas zu einer neuen Gewohnheit machen möchtest. Schlechte Angewohnheiten schleichen sich oft unbewusst in unseren Alltag, ohne dass wir es merken, zum Beispiel die Angewohnheit, nach dem Mittagessen noch einen Nachtisch zu essen oder in Stresssituationen zur Zigarette zu greifen. Gute Gewohnheiten sind leider schwerer zu verankern. Schreibe dir auf, welche Gewohnheit du ab jetzt in deinen Alltag übernehmen möchtest und warum. Wie wirkt sich diese Gewohnheit auf deine körperliche und geistige Gesundheit aus? Wie verändert sie dein Leben positiv? Was bringt die Gewohnheit auf lange Sicht?

Tipp 2
Wann. Überlege dir jetzt, wann du diese Gewohnheit ausüben möchtest. Täglich, wöchentlich oder monatlich? Wann ist der beste Zeitpunkt für eine bestimmte Aktivität? Es bringt nichts, dir vorzunehmen, dreimal die Woche abends Sport zu treiben, wenn du selbst weißt, dass nach der Arbeit nicht mehr viel mit dir anzufangen ist. Es kann dir helfen, die neue Gewohnheit mit anderen zu verknüpfen. Stehst du beispielsweise morgens auf, machst dich im Bad zurecht, dann könntest du dir vornehmen, direkt im Anschluss zu meditieren.

Tipp 3
Dranbleiben. Sei nicht enttäuscht, wenn sich der neue Ablauf nicht sofort automatisch einstellt. Ein Rückschlag sollte dich nicht davon abhalten, es weiter zu versuchen. Du wirst sehen, nach einiger Zeit, in der du deine neue positive Gewohnheit konsequent und bewusst ausübst, wird sie immer mehr in Fleisch und Blut übergehen.

Aus Gedanken werden Taten

»Achte auf Deine Gedanken, denn sie werden Worte.
Achte auf Deine Worte, denn sie werden Handlungen.
Achte auf Deine Handlungen, denn sie werden Gewohnheiten.

Achte auf Deine Gewohnheiten, denn sie werden Dein Charakter.
Achte auf Deinen Charakter, denn er wird Dein Schicksal.«

Charles Reade (1814–1884),
englischer Schriftsteller

Dein Leben positiv und aktiv zu gestalten, beginnt bereits mit deinen Gedanken. Es ist somit entscheidend, die Gedanken zu lenken. Es wird immer Zeiten geben, in denen es schwerfällt, optimistisch zu denken. Umso wichtiger ist es gerade in solchen Momenten, nicht in eine Negativspirale zu geraten. Denkst du immer nur darüber nach, was alles Schlimmes passieren könnte, wie furchtbar es werden könnte, wenn du auf die ein oder andere Art handelst, dann lebst du mit angezogener Handbremse.

Denkst du im Mangel, dann wirst du auch im Mangel agieren. Fokussierst du dich vorab schon darauf, was alles schieflaufen könnte, wirst du niemals alles geben, um dieses Projekt voranzutreiben. Visualisiere stattdessen das Idealbild, das Happy End. Trau dich, mutige Entscheidungen zu treffen. Um mutiger zu denken, gibt es eine Technik der Gedankenkontrolle.

Versuchen wir, an nichts zu denken, gelingt uns das, wenn überhaupt, wahrscheinlich nur für sehr kurze Zeit. Unser Verstand möchte beschäftigt sein. Dabei laufen viele unserer Gedanken unbewusst ab. Unser Gehirn ist ein großer Datenspeicher, der zu jeder Situation, nach passenden Erfahrungen aus der Vergangenheit sucht, um sie mit den aktuellen Gegebenheiten zu vergleichen. Bestimmte Eindrücke oder Umstände lösen Denkmuster aus. Läuft zum Beispiel ein bestimmter Song im Radio, fühlen wir uns sofort an eine vergangene Situation erinnert, positiv wie negativ. War es das Lied, dass wir nach unserer Trennung rauf- und runtergehört haben, werden wir traurig. Erinnert uns das Lied an den letzten Urlaub, kommt bei uns gute Stimmung auf. Das hat mit der momentanen Realität nichts zu tun, sondern ist lediglich die Reaktion auf die Verknüpfung des Gehörten mit vorhergehenden Ereignissen.

Weitere Denkmuster ergeben sich aus unseren Glaubenssätzen, Überzeugungen oder eigener Veranlagung. Aus diesen Mustern auszusteigen ist schwierig, da eine Vielzahl von Erlebnissen genau diese Muster in uns verankert haben. Automatisch werden gleichzeitig Gefühle und Emotionen hervorgerufen.

Ob bewusst oder unbewusst, verursachen Gedanken Gefühle, die sich nicht beeinflussen lassen. Wir sind allerdings in der Lage, unsere Gedanken zu lenken. Unserem Verstand ist es egal, ob uns ein Gedanke glücklich oder traurig macht – er möchte einfach nur etwas zu tun haben. Doch jedes Mal, wenn wir bewusst entscheiden, worauf wir unsere Gedanken richten, können wir sie beeinflussen.

Versuche zum Beispiel, dich einen Tag lang nur mit positiven Gedanken zu beschäftigen. Taucht doch ein negativer auf, dann halte ihn nicht fest, sondern verbanne ihn bewusst aus deinem Kopf. Eine einfache Übung, die dir dabei helfen kann, ist, jeden Gedanken, der dir in den Sinn kommt, kurz festzuhalten und zu bewerten. Dann entscheidest du, ob es sich lohnt, diese Idee weiter zu verfolgen oder sie ziehen zu lassen.

Wir handeln immer

Mache dir bewusst, dass du immer handelst – auch wenn du es nicht tust. Das klingt paradox, trifft aber zu. Beschließt du in einer bestimmten Situation, nichts zu tun, so handelst du ebenfalls. Du hast dich dafür entschieden, dass andere über dich bestimmen und lässt es über dich ergehen. »Ich will abnehmen.« »Ich möchte gesünder leben.« »Ich werde mich von dem Menschen trennen, der mir nicht guttut.« »Ich suche mir endlich einen Job.« Sprichst du immer nur davon und lässt deinen Worten keine Taten folgen, ist das auch eine Art Handeln. Wie bei allen Handlungen, hast du auch hier die Konsequenzen zu tragen. Wie unsere Tatortbegebenheit mit dem Paar zeigt, kann das im schlimmsten Fall zum Tod führen. Also nimm dein Leben in die Hand und handle.

KAPITEL 4
DISZIPLIN

Der Tatort – die Wohnung eines Fußballprofis ohne Disziplin

Was fällt dir als Erstes ein, wenn du an einen Fußballprofi denkst? Wahrscheinlich tauchen vor deinem inneren Auge Geld und ein sportlicher Körper auf. Um diese Ziele zu erreichen, braucht es im Sport Disziplin. Folgende Geschichte handelt von einem solchen Profisportler, der den Fokus verloren, keine Disziplin mehr hatte und letzten Endes dafür sogar mit dem Tod bezahlte.

Zunächst war es kein schwieriger Auftrag, der mich erwartete. Ich wurde von Helmut in die Wohnung gerufen, um klar Schiff zu machen. Natürlich hatte ich ein gewisses Bild vor Augen, was für ein Mann mich dort erwarten würde, doch wie so oft im Leben kommt es anders, als man denkt. Mir öffnete nicht etwa ein sportlicher Mensch die Tür, sondern ein kurzatmiger, extrem übergewichtiger Mann. Er brachte mindestens 250 Kilo auf die Waage und zog ein kleines Wägelchen mit einem Inhalator hinter sich her. Als ich mich in der Wohnung umsah, wurde mir schnell klar, dass der Mann hier niemals alleine für Ordnung sorgen konnte. Er war ja kaum in der Lage, ein paar Schritte zu gehen. Das Chaos hatte schon überhandgenommen: An einer großen Wand waren bis fast unter die Decke leere Pizzakartons gestapelt. Meiner Erfahrung nach würde ich aber noch nicht von einem Messie sprechen, denn ich hatte schon schlimmere Wohnungen gesehen. Hier war alles einfach verwahrlost, dreckig und es herrschte ein unangenehmer Geruch. Der Auftrag selbst kam jedoch gar nicht von ihm, sondern von Helmuts Ex-Frau, die mich bat, ihm bei der Reinigung seiner Wohnung unter die Arme zu greifen. Offensichtlich hatten die beiden noch Kontakt zueinander und sie machte sich Sorgen um ihn. Sein Anblick hatte mich nachdenklich gemacht und ich fragte mich, wie es mit einem ehemaligen Sport-Ass nur so weit bergab gehen konnte.

Aus der Bahn geworfen

Wir alle kennen Profisportler, die nach ihrer Karriere als Trainer weiterarbeiten, als Berater für Vereine agieren oder ein eigenes Business aufbauen. Auch Helmut war früher erfolgreich gewesen, bis die Dinge ihren Lauf nahmen. Er heiratete und hatte mit seiner Frau zwei Kinder. Nach Ende seiner Karriere suchte er den Weg ins bürgerliche Berufsleben und eröffnete zwei Autohäuser. Zudem machte er noch seinen Trainerschein und so schien das Leben in »Rente« schon geplant.

Allerdings hatte Helmut mit seinen Autohäusern kein Glück. Er hat einfach auf die falsche Marke gesetzt, niemand wollte zum damaligen Zeitpunkt Autos dieses Herstellers fahren, was dazu führte, dass die Geschäfte pleitegingen. Es folgte die Trennung von seiner Frau, was ein harter Schlag für ihn war. Und als wäre das noch nicht genug, nahm auch eine mögliche zweite Sportkarriere im Trainerbereich keine Fahrt auf.

Helmuts Ex-Frau erzählte mir später, dass er irgendwann nur noch die »Bambini« trainieren durfte und selbst deren Eltern wollten einen anderen Trainer haben. Der Tiefpunkt war erreicht, als er aufgrund ausufernden Alkoholkonsums aus dem Verein rausgeschmissen wurde. Sein letzter Anker war somit auch nicht mehr vorhanden und er verlor ganz den Boden unter den Füßen.

Die Bilder an seinen Wänden zeigten den einstigen Glanz seiner Karriere. Auf den Fotos war er schlank und in Topform. Das fand ich erstaunlich. Ich fragte ihn: »Sagen Sie einmal, wie war es denn damals?« Helmuts Augen fingen richtig an zu leuchten, als er anfing zu erzählen. »Ja, das waren noch Zeiten ...« Ich habe ihn ermuntert, doch etwas an seiner Lebenssituation zu ändern. Selbst wenn er krank sei, könne er doch versuchen, wieder in die Gänge zu kommen.

Während er so vor mir in seinem Sessel saß, kam ich ins Grübeln. Könnte mich Misserfolg auch aus der Bahn werfen? Würde ich mich dann ebenfalls so gehen lassen? Da ich berufsbedingt viele Gespräche mit meinen Kunden führe, habe ich einigermaßen Menschenkenntnis. Hier hatte ich den Eindruck, Helmut würde sich nichts sehnlicher wünschen als Anerkennung. Ich glaube finanzieller Erfolg war ihm gar nicht so wichtig, aber die Akzeptanz in der Welt des Sports oder auch geschäftlich wäre ihm sehr wichtig gewesen. Doch nicht einmal die eigene Familie brachte ihm Respekt entgegen, weshalb er nicht mehr die Disziplin aufbrachte, sich um sich selbst zu kümmern.

Mein Gedanke war in diesem Moment nur: »Das kann eigentlich nicht sein, dass sich jemand so sehr gehen lässt.« Sportler müssen extrem diszipliniert sein, um ihre Ziele zu erreichen – und sind dies in der Regel auch. Es mag Menschen geben, die ein fehlendes Talent mit Fleiß und Disziplin ausgleichen. Mit diesem Gedanken im Hinterkopf richtete ich meinen Blick nochmals auf Helmut.

Er wohnte in einer Dreizimmerwohnung eines Mehrparteienhauses. Er schaffte es aus eigener Kraft gar nicht mehr, das Haus zu verlassen. Ab und zu klingelte der Pizzabote, aber das waren wohl noch die Highlights seiner Tage. Es war klar zu erkennen, dass die einzige »Freude«, die ihm noch geblieben war, im Essen und Trinken lag. Bis auf die Pizzapackungen war die Wohnung in Ordnung, also nicht wie bei Messies typisch. Beispielsweise war sein Badezimmer in einem Zustand, den man akzeptabel nennen würde.

Helmut hatte auch echtes Glück mit seiner Wohnung, denn das Badezimmer war relativ geräumig und so konnte er sich trotzt seiner Fettleibigkeit noch waschen und auf die Toilette gehen. Dennoch entschuldigte er sich, dass der strenge Geruch, der in der Wohnung hing, zum Teil wohl auch von ihm ausgehe. Er hatte immer wieder mit Entzündungen seiner »Fettlappen« zu kämpfen und dadurch würde auch ein unangenehmer Geruch entstehen. Ich war bei Weitem Schlimmeres gewohnt.

Pizzakartons und leere Flaschen

Ein Blick in die Küche offenbarte noch mehr Müll – hauptsächlich Essensreste und leere Flaschen. Das Problem war, dass Helmut auch dem Alkohol zugetan war. Es lagen schätzungsweise Hunderte leere Flaschen in der Wohnung, die ich entsorgen musste. Die Pizzakartons hatte er an einer Wand fein säuberlich aufgestapelt. Sie reichten bis zu seiner Griffhöhe, die bei 1,90 Meter Größe nicht gerade gering war. Über die zirka sechs Meter breite Wand reihte sich ein Karton an den anderen. Das zeigte mir, dass Helmut eigentlich ein ordentlicher Mensch war, der die Kontrolle verloren hatte. Ohne Hilfe würde er es nicht schaffen, die Ordnung in seiner Wohnung wieder herzustellen.

Ich reinigte also alles in der Wohnung und verabschiedete mich nach getaner Arbeit: »Sie brauchen Rituale, um ihr Leben besser zu machen. Dabei wünsche ich Ihnen viel Kraft.« Da ahnte ich noch nicht, dass ich ein halbes Jahr später in diese Wohnung zurückkehren würde, diesmal aber aus einem anderen Grund. Damals, und das hört sich jetzt ein bisschen makaber an, hatte ich einem meiner Mitarbeiter gesagt: »Also, wenn er es nicht schafft, wieder gesunde Routinen in seinem Leben zu etablieren und sie diszipliniert zu verfolgen, dann wird er nicht mehr lange leben.«

Nach meinem Auftrag hatte ich noch einmal bei Helmut angerufen, um ihn zu fragen, ob denn nach der Reinigung alles in Ordnung sei. Eigentlich hatte ich das als Vorwand genommen, um zu erfahren, wie es ihm erging und ob er vorhatte, sein Leben zu ändern.

Die letzte Reise

Ungefähr nach einem halben Jahr wurde ich erneut von Helmuts Ex-Frau kontaktiert. Er war an multiplem Organversagen verstorben und ich sollte die Wohnung reinigen. Ich erinnerte mich daran, dass Helmut damals die Reinigung seiner Wohnung einfach über sich ergehen ließ. Danach hatte ich noch ein, zwei Mal mit ihm gesprochen und gemerkt, dass er es aus eigener Kraft nicht schaffen würde, wieder auf die Beine zu kommen. Helmut war bei unserer Begegnung von sich selbst angewidert und von der Situation, dass andere jetzt seine Scheiße wegräumen mussten. Er war am Tiefpunkt angelangt und sah keinen Ausweg.

Als seine Ex-Frau sich bei mir meldete, war es Juli. Helmut hatte bereits ein paar Wochen unbemerkt tot in der Wohnung gelegen. Die Wärme hatte den Verwesungsprozess extrem schnell voranschreiten lassen. Im Nachgang – und das hört sich jetzt vielleicht ein bisschen komisch an – war ich froh, dass ich ein paar Monate vorher ein bisschen klar Schiff gemacht hatte, so war die Unordnung an diesem Tatort nicht ganz so schlimm. Helmut verstarb im Wohnzimmer auf der Couch. Diese war komplett mit Leichenflüssigkeit durchzogen und etliche Schädlinge wie Speck- und Kartoffelkäfer sowie Schmeißfliegen hatten sich dort breitgemacht. Vor der Couch lag ein kleiner Teppich, der ebenfalls klebrig und mehr oder weniger mit dem Laminatboden verwachsen war.

Es lässt sich nur schwer abschätzen, wie viel Körperflüssigkeit tatsächlich aus einem Leichnam austritt, aber bei einem Mann mit diesem extremen Übergewicht geht es hier um Liter. Wenn man sich einmal vorstellt, einen Putzeimer mit zehn Litern Wasser umzukippen, kann man ahnen, wie viel Flüssigkeit hier in Couch und Boden gezogen waren. Der Boden musste komplett aus der Wohnung entfernt werden. Es war alles durchsogen – die Leichenflüssigkeit ging sogar bis in den Estrich und seine Dämmschicht. Alles war durchfeuchtet, das Wohnzimmer inklusive Flur und angrenzende Nebenräume. Die Flüssigkeit hatte auch eine tragende Wand komplett durchfeuchtet. Auf der Tapete zeichnete sich in Höhe von zirka 50 Zentimetern eine Linie ab. Sie zeigte an, wie weit die Flüssigkeit hochgezogen war. Die Wohnung war von Abertausenden Maden bevölkert, die es zu entfernen galt.

Wir machten uns ans Werk und haben im ersten Schritt entrümpelt. Alle Möbelstücke wurden aus der Wohnung entfernt und entsorgt. Da die Geruchsbelastung bei einem Leichenfund extrem hoch ist, lohnt es sich nicht, die Möbel aufzubereiten. Im zweiten Schritt haben wir den Boden herausgestemmt und sahen, dass eine Fußbodenheizung verlegt war. Zu unserem Pech hatte mein Mitarbeiter eines der Rohe erwischt. Wir waren erstmal bedient. Das Wasser, das ausgetreten war, weichte die eingetrocknete Leichenflüssigkeit auf und vermischte sich mit ihr. Gott sei Dank war die Heizung im Sommer nicht in Betrieb und der Schaden hielt sich in Grenzen. In jedem Fall waren wir wieder um eine Erfahrung reicher.

Was von einem Leben übrigbleibt

Seine Ex-Frau bat uns neben der Reinigung auch, Helmuts Eigentum zu sichern. Viel von Wert war in der Wohnung nicht zu finden und schon gar kein Geld oder teure Uhren. Aber einige Gegenstände mit emotionalem Wert konnten wir dann dennoch an die Familie übergeben.

Räume ich das Leben einer Person weg, dann blende ich es nach ein paar Tagen für Gewöhnlich aus. Natürlich gibt es immer wieder bewegende Gespräche mit den Hinterbliebenen, aber Eigentumssicherung gehört nun einmal zu meinem Job dazu. Würde ich alles ganz nah an mich heranlassen, könnte ich meinen Beruf nicht mehr ausüben. Doch es gibt immer mal wieder Situationen, die bei mir noch lange nachhallen. Bei Helmuts Fall war das zwar erst einmal nicht so. Aber als ich dann sein Leben weggeräumt hatte, ging es wirklich los. Ich machte mir mehr und mehr Gedanken darüber, wie sehr uns negative Ereignisse aus der Bahn werfen können und wie wichtig es ist, dass wir uns immer wieder bewusst machen, dass wir nur dieses eine Leben hier haben und wie wir damit umgehen.

Eine Aufgabe vor Ort lag darin, die tragende Wand von den Leichenflüssigkeiten zu befreien. Dazu haben wir ein spezielles Verfahren entwickelt, das sogenannte Injektionsverfahren. Aber das dauerte seine Zeit. Während die Gerätschaften liefen und einen monotonen Pumpenton von sich gaben, kam ich ins Grübeln.

Als Helmut noch lebte, hatten wir Kontakt, ich wollte ihm helfen. Ich habe seine Wohnung auf Vordermann gebracht und hoffte, ihm vielleicht Anregungen geben zu können, sein Leben zu ändern. Und dann wird er zum zweiten Mal Kunde und jetzt war ich hier, um sein Leben ganz wegzuräumen.

Der Verdacht, den ich damals schon hatte, bestätigte sich auf erschreckende Weise. Er hatte es nicht geschafft, sich eine gesündere Lebensweise anzugewöhnen.

Engelchen und Teufelchen unterhielten sich auf meinen Schultern:

»Er war doch selbst daran schuld.«

»Na ja, er war schon eine arme Sau.«

»Aber er hätte doch etwas verändern können.«

»Er steckte schon zu tief in der Krise und hatte niemanden, der ihm geholfen hat.«

So ging es in meinem Kopf hin und her. Könnte mir auch so etwas passieren? Was für ein Schicksalsschlag könnte dazu führen, dass ich meine positiven Gewohnheiten aufgebe? Meine gesunde Ernährung, den täglichen Sport oder meine Freizeitaktivitäten mit Freunden? Bei Helmut war es eine Knieverletzung, die das Karriereende besiegelte und dann ging es fast nur noch bergab. Die Disziplin, die er vorher hatte, konnte er einfach nicht in seine neuen Lebensumstände übernehmen.

Betroffene Nachbarn

Während wir die Wohnung reinigten und entrümpelten, kamen die Nachbarn von unten auf uns zu und baten darum, ob wir nicht auch bei ihnen einmal nachsehen könnten. Es würde sehr unangenehm riechen und sie wüssten nicht, woher der Geruch stammte. In dieser Wohnung war die Decke mit einer Rigipsplatte abgehängt, in die die Spots eingelassen waren. Ich öffnete die Decke und war verblüfft, was der Innenausbauer hier gemacht hatte. Aufgrund des Alters des Gebäudes war die Decke mit Dämmmaterial gefüttert. Die Flüssigkeit aus Helmuts Wohnung war bereits durch die ganze

Decke in die Dämmung gezogen. Allein der Latexfarbe war es wohl zu verdanken, dass die Leichenflüssigkeit nicht durchgetropft war. Als ich einen der Spots herausnahm, fiel mir ein Stück Rigips entgegen und klatschte mir auf die Stirn. Maden samt Flüssigkeit rieselten auf mich herunter und landeten in meinem Gesicht. »Jetzt bloß nicht den Mund aufmachen oder über die Lippen lecken«, war mein einziger Gedanke in diesem Moment. Aber das war nicht der erste »Leichenflüssigkeitstreffer« in meinem Leben. Na ja, was bleibt einem übrig in einer solchen Situation? Tief durchatmen ist da vielleicht nicht unbedingt zu empfehlen, und es hieß, cool bleiben, vor allem nicht von der Leiter fallen.

Der Ekelfaktor stellt keine lebensbedrohliche Situation dar, aber wenn man in einer gewissen Höhe auf einer Leiter steht und dann falsch reagiert, kann der nächste Schritt im schlimmsten Falle im Rollstuhl enden oder sogar tödlich sein. Disziplin bringt Ruhe und Sicherheit. Mit dieser Sicherheit stieg ich von der Leiter und bereinigte das Chaos.

Verfall der Disziplin?

Wenn wir das Wort »Disziplin« hören, verbinden wir damit Kadavergehorsam, militärischen Drill, Strammstehen, Hacken zusammenschlagen oder marschieren. Man denkt an Sätze wie: »Wir müssen unsere Kinder jetzt mal disziplinieren.« All diese Assoziationen sind negativ. Dabei ist Disziplin eine Tugend, eine Haltung für Erfolg und Zielerreichung. Ohne harte Arbeit und Disziplin kann niemand etwas Großartiges vollbringen. Man schaue sich nur den Leistungssport an – ohne hartes Training schafft es keiner an die Spitze. Man muss es wollen. Willensstärke ist der Antreiber, um endlich zu handeln.

Willenskraft oder auch Willensstärke ist die Fähigkeit, Motive, Wünsche und Ziele wirklich in Resultate umzusetzen. Es ist eine typische Fähigkeit, die herausragende Persönlichkeiten im Beruf und Privatleben auszeichnet. Während die Motivation beschreibt, was Menschen antreibt, erklärt die Willenskraft, warum manche Menschen bei gleicher (oder weniger) Anstrengung wesentlich mehr erreichen.

Wenn ich an Motivation, Willensstärke und Disziplin denke, habe ich das Bild einer schönen Straße vor mir, Serpentinen in einem Gebirge. Die Disziplin sind die Leitplanken. Sie halten mich auf der Straße, auf der Spur, verhindern ein Abstürzen. Willensstärke ist der Sprit, der Energiegeber, damit der Motor läuft. Und damit ich überhaupt diese Straße befahre, braucht es Motivation.

Jeder Mensch hat Lebensmotive, die bei jedem unterschiedlich gewichtet sind. Eine Motivation von außen ist nicht möglich, wenn sie nicht konform mit den eigenen Motiven geht.

Bei dem Thema Disziplin verhält sich das anders. Diese ist nicht angeboren, sondern beruht allein auf der Willenskraft – und die lässt sich trainieren.

Willenskraft – deine mentale Stärke

Sagt dir die 40-Prozent-Regel der Navy Seals etwas? Diese besagt, dass wenn du denkst, an deinen Grenzen angelangt zu sein, erst 40 Prozent deiner Leistungsfähigkeit erreicht hast. Nicht deine körperliche Fitness entscheidet, wie weit du wirklich gehen kannst, sondern deine mentale Fitness.

Die Navy Seals gelten als die härtesten und besten Soldaten der Welt. Sie werden immer dann eingesetzt, wenn die Lage als aussichtslos gilt. Andrew Wittman war lange bei den Seals, erst als Soldat und später als Trainer. Mit seinem Wissen aus dieser Praxis unterstützt er inzwischen die CEOs der weltweit größten Konzerne dabei, mentale Stärke aufzubauen. Folgende sieben Kernpunkte gab er in einem Interview[20] preis:

Macht Dinge, vor denen ihr Angst habt

»Das, was euch Angst macht, wird mit ein bisschen Übung schnell zur Banalität«, sagt Wittman. »Ein Teenager, der beim Autofahren Angst vor Kreuzungen hat, ist nach einer sechsstündigen Fahrt zur Oma total routiniert.«

Habt einen Helden oder ein Vorbild

Die ersten Millionen sind die schwersten, aber nicht aus dem Grund, den viele annehmen »Es sind die schwersten, weil ihr vorher noch nicht wisst, wie man es macht.« Sich ein Vorbild zu suchen, das schon geschafft hat, was ihr noch erreichen wollt, ist hilfreich. »Was ein Mensch kann, kann ein anderer Mensch auch schaffen.«

Holt euch Freunde ins Boot

Damit meint Wittman nicht Freunde, die eure Geheimnisse für sich behalten, sondern die Art von Freunden, die aktiv dabei helfen, Probleme zu lösen.

Erzählt eure Kampfgeschichten mit Stolz

»Darüber zu sprechen, wie ihr große Hindernisse überwunden habt, hilft euch dabei, euren Verstand und eure Emotionen auf euren Erfolg zu fokussieren«, behauptet der Experte. Wenn euer Unterbewusstsein diese Art von Erfolg schon kennt, fällt es euch leichter, ihn zu reproduzieren.

Sagt nie: »Ich werde es versuchen«

Habt ihr schon einmal jemanden zu einer Party eingeladen, und die Person meinte, sie würde versuchen, es zu schaffen? Und – ist sie aufgetaucht? »Menschen benutzen das Wort ›versuchen‹, um sich aus bestimmten Situationen herauszureden.«

Seid das Schwein, nicht die Henne

»Wenn auf eurem Frühstücksteller Bacon und Ei ist, hat die Henne zwar eine Rolle gespielt, aber das Schwein ist mit voller Hingabe dabei.« Hingabe ist der Kernpunkt von mentaler Stärke, so Wittman.

Seid mutig und gebt niemals auf

»Mut ist nicht die Abwesenheit von Angst, es ist die bewusste Entscheidung, sich seiner Angst zu stellen«, behauptet Wittman. Wenn ihr dazu die Option ausschließt, aufzugeben, ist der Kampf schon fast für euch entschieden. »Wer lange genug in einem Kampf bleibt, dem bietet sich früher oder später schon noch eine Lösung.«

Selbstdisziplin

Die Willenskraft ist der Energietreiber, um deine Ziele zu erreichen. Die Disziplin hält dich auf der Spur. Erfolgreiche Menschen zeichnen sich häufig durch ein hohes Maß an Selbstdisziplin aus. Sie verfolgen ausdauernd und konsequent ihre Ziele, auch wenn das bedeutet auf manche Annehmlichkeit zu verzichten.

Menschen, die anderen den Erfolg neiden, sind sich oftmals der vielen harten Jahre der Disziplin, des Mutes, der Entbehrung, der Niederlagen, des anhaltenden Engagements und Durchhaltens gar nicht bewusst. Kinder und Jugendliche in den Nachwuchsleistungszentren verzichten für ihren Traum auf das Leben mit ihren Familien, Wochenenden zum Gammeln, nachmittags Freunde treffen und und und. Darüber sollten die Neider einmal nachdenken.

Folgende Tipps helfen dir, Selbstdisziplin zu trainieren:

Tipp 1

Setze dir realistische Ziele. Du möchtest den nächsten Frankfurt-Marathon laufen und schaffst aktuell keine 400 Meter? Dann solltest du dein Ziel nochmals überdenken. Ein realistisches Ziel für dich könnte zunächst sein, deine Ausdauer regelmäßig zu trainieren, indem du jede Woche diszipliniert laufen gehst und nach und nach die Strecke steigerst. Du kannst dir zum Ziel setzen, nach drei Monaten ohne Problem 10 Kilometer zu laufen.

Tipp 2

Setze Prioritäten. Für was möchtest du deine Energie aufwenden? Unterscheide hier zwischen dringlich und wichtig.

Tipp 3

Definiere Zwischenschritte. Kein anderer kann dies so gut beschreiben, wie Beppo der Straßenkehrer aus *Momo*: »Manchmal hat man eine lange Straße vor sich.« Genauso ist es, wenn du deine Endziele vor Augen hast. Diese scheinen manchmal noch in unendlich weiter Ferne zu liegen, weshalb es wichtig ist, dass du Zwischenschritte auf diesem Weg definierst. Endziele sind die Resultate, die du ohne Kompromisse erreichen willst. Die Zwischenschritte dahin sind flexibel und definieren nur einen möglichen Weg zum Ziel. Überlege dir also welche Zwischenschritte du machen möchtest, bleibe dabei aber flexibel, um auch einen anderen Weg zum Ziel offen zu halten.

Tipp 4

Finde deinen persönlichen Rhythmus. Das Thema des Rhythmus ist eine Frage der Persönlichkeit. Jeder hat seinen eigenen. Es geht nicht darum, dass du sagst: Mein Nachbar hat das aber in der Hälfte der Zeit geschafft. Vergleiche dich nicht mit anderen, bleibe bei dir. Dafür musst du deinen eigenen Rhythmus kennen. Wisse, wer du bist und was du willst. Dann weißt du auch, wie du diszipliniert an Themen rangehen kannst.

Tipp 5

Suche dir Vorbilder. Es ist sinnvoll, sich auch zum Thema Selbstdisziplin ein Vorbild zu suchen. Auch hier geht es nicht um den Vergleich mit einer bestimmten Person, sondern vielmehr um ein übergeordnetes Ziel. Es geht um Inspiration und darum, andere Blickwinkel und Techniken kennen zu lernen und den eigenen Horizont zu erweitern.

Aufschieberitis

Dinge aufzuschieben ist eines unserer heimlichen Laster: Keiner gibt es zu, aber jeder hat es. Letzten Endes bezahlen wir teuer dafür, etwas aufzuschieben, da wir enorm in Stress geraten, wenn wir die Dinge auf den letzten Drücker erledigen. (Wie schädlich negativer Stress ist, habe ich im Kapitel »Schmerz« ausführlich erklärt.)

Aufschieberitis ist nicht angeboren, sondern lediglich eine schlechte Gewohnheit und kann demnach wieder verlernt werden, egal warum wir etwas aufschieben. Es gibt verschiedene Gründe, etwas aufzuschieben:

Selbstgefälligkeit

Das ist nicht weiter schwer, das erledige ich nebenbei.
Das dauert nicht lange, das kann ich später immer noch machen.
Dieses Verhalten beziehungsweise diese Einstellung geht häufig mit Faulheit oder Desinteresse einher. In der Fabel von Hase und Schildkröte ist sich der Hase seines Sieges derart gewiss, dass er sich erst einmal hinlegt und schläft. Mit dem Ergebnis, dass ihn die Schildkröte überholt. Ist die Aufgabe relativ simpel, sollte sie einfach sofort erledigt werden.

Angst vor Unannehmlichkeiten

Das macht mir einfach keinen Spaß.
Das dauert ja ewig.

Man hat einfach keine Lust dazu, die Aufgabe zu erledigen. Die Möglichkeit, die Aufgabe in überschaubare Einzelaufgaben zu zerlegen, kann dieses Problem lösen. Mein Tipp lautet: Jeden Tag etwas Unangenehmes erledigen. Du wirst staunen, wie viel mehr du abhaken kannst. Schon bald gibt es keine frustrierenden Dinge mehr, die auf dich warten.

Versagensangst

Ich bekomme das sowieso nicht anständig hin.
Das ist ein großer Schritt, ich fürchte, ich werde scheitern.
Versagensangst hat weniger mit Versagen zu tun als mit Angst. Erfolgreiche Menschen machen viele Fehler, sie haben aber keine Angst davor. Du erinnerst dich an die Passage aus dem Kapitel »Angst«, in dem es um die innere Kommunikation ging?
Der Psychologe Albert Bandura vertrat die Auffassung, dass erfolgreiche, entscheidungsfreudige Menschen auch deshalb erfolgreich und entscheidungsfreudig sind, weil sie glauben, erfolgreich und entscheidungsfreudig zu sein. Und wenn Menschen denken, sie seien nicht erfolgreich und nicht entscheidungsfreudig, wird sich das bestätigen.

Emotionale Blockaden

Ich bin jetzt einfach zu müde/gestresst/aufgeregt.
Ich bin gerade nicht in Stimmung.
Auf den perfekten Moment zu warten, hat einen Haken: Er kommt nie.

Pseudo-Aktionismus

Ich bin total beschäftigt, also muss ich Fortschritte machen.

Niemand weiß zu schätzen, wie viel ich tue.
Der Aktionsillusionist erstellt lieber aufwendige Pläne oder To-do-Listen, als sich ernsthaft mit der Aufgabe zu beschäftigen und weiß am Ende gar nicht, wo die Zeit geblieben ist. Er verwendet mehr Zeit und Energie darauf, die Arbeit nicht zu machen, als er für deren Erledigung brauchen würden.

Viertes Prinzip: Lebe Rituale, Disziplin schafft Energie

Fragt man junge Erwachsene nach dem Begriff Disziplin, dann bekommt man selten eine positive Antwort. Disziplin klingt steif, altbacken und jeder möchte mehr seinen »kreativen Freiraum« ausleben, als diszipliniert an einer Sache zu arbeiten. Auf den letzten Drücker etwas zu erledigen ist für unsere Psyche keineswegs ein Erfolgsrezept, weil das bedeutet, unter ständigem Druck zu stehen.

Bestimmt hast auch du Ziele, die du erreichen möchtest. Doch was ist ausschlaggebend dafür, dass du es schaffst oder nicht? Wie schon im vorigen Kapitel erwähnt, gehören zur Zielerreichung Talent, Glück, Intelligenz, Durchhaltevermögen oder Motivation. Natürlich helfen diese Voraussetzungen dabei, erfolgreich zu sein. Aber nicht umsonst hat Oma schon gesagt: »Ohne Fleiß, kein Preis.« Nur wer hartnäckig dranbleibt und die nötige Disziplin aufbringt, wird am Ende belohnt werden. Er erreicht seine Ziele und darf sich über den damit einhergehenden Erfolg freuen. Sei es ein finanzieller oder das wunderbare Gefühl, etwas erreicht zu haben, was man sich vorgenommen hat.

Jeder definiert Erfolg unterschiedlich, doch geht es immer darum, die eigenen Ziele zu erreichen. Es gibt jedoch Menschen, die nicht nur besonders häufig ihre Ziele erreichen, sondern eben auch besonders große Ziele. Was Elon Musk, Benjamin Franklin, Barack Obama oder Beethoven verbindet, ist eiserne Disziplin und Routine.

Elon Musk baute zeitgleich zwei revolutionäre Unternehmen auf – Tesla und SpaceX. Er teilte seine Wochentage auf beide Unternehmen auf und pendelt mehrfach 600 Kilometer zwischen den beiden Hauptsitzen in Palo Alto und Los

Angeles hin und her. Montage und Donnerstage reservierte er für SpaceX, Dienstage und Mittwoche für Tesla. Freitags wechselte er mittags zwischen beiden Unternehmen. Das funktionierte nur mit 100 prozentiger Zeittaktung, effizientem Management und präziser Planung. Musk schaffte mit beiden Unternehmen das, was viele Gründer nicht mal mit einem schaffen.

Barack Obama beginnt jeden seiner Tage mit einem exzessiven Sportprogramm. Bevor er sich mit seinen E-Mails beschäftigt, tut er etwas für seine Gesundheit. Ludwig van Beethoven unternahm täglich mehrstündige Spaziergänge. Diese erfrischten nicht nur seinen Körper, sondern auch seinen Geist. Er hatte stets Papier und Stift dabei, um seine Ideen zu notieren. Benjamin Franklin fragte sich jeden Morgen: »Was soll ich heute Gutes tun?« Am Ende des Tages rief er sich diese Frage noch einmal ins Gedächtnis und reflektierte, ob er sein Ziel erreicht hatte.

Routinen zu etablieren ist kein leichtes Unterfangen, sondern ein komplexer biochemischer Vorgang, denn im Kern müssen wir eigentlich zunächst etwas tun, was wir nicht wollen. Und das funktioniert nur, wenn wir Willensstärke beweisen und diszipliniert dranbleiben. Es handelt sich dabei um eine echte neuronale Meisterleistung, denn unser Gehirn und unser Körper arbeiten gemeinsam mit einem strengen Belohnungssystem. Wir sind ständig auf der Suche nach Belohnung. In Momenten, in denen wir uns belohnen, schüttet der Körper Glückshormone aus. Die Nebenniere produziert Dopamin, der Hypothalamus Endorphine und gemeinsam mit anderen Stoffen werden diese von Rezeptoren im Gehirn aufgenommen – ein Glücksgefühl entsteht. Je mehr wir davon bekommen, desto besser fühlen wir uns.

Kehren wir zurück zu dem Profisportler in unserer Geschichte. Mit Sicherheit hatte er mit seinem Gewicht keine Lust auf Sport und bereits der Gedanke daran löste wahrscheinlich bei ihm Stress aus. Sobald er daran dachte, sich zumindest etwas zu bewegen, sendete der Körper Stresshormone aus und sagt damit dem Gehirn ganz klar: »Lass das mit dem Sport doch bitte sein.« Vielleicht ging es dir auch schon so. Der Impuls, statt Sport lieber etwas anderes zu machen, ist nicht selten. Wir sehen die gemütliche Couch, den Film, den wir schon immer einmal sehen wollten, das Eis im Tiefkühlfach. Gedanken an etwas Positives sorgen für eine sofortige Freisetzung von Endorphinen. Wir wollen jetzt unbedingt das machen, was uns nur vermeintlich guttut – und das Fatale daran, unser Gehirn belohnt uns sogar dafür und noch mehr Glückshormone werden ausgeschüttet. Das Hirn gaukelt uns vor, dass wir alles richtig gemacht haben, obwohl wir eigentlich wissen, dass es nicht so ist. Aber wieder einmal hat uns unser Gehirn ausgetrickst.

Routinen aufzubauen ist kein leichtes Unterfangen. Fängst du zum Beispiel nach einer langen »Ruhezeit« wieder an, Sport zu treiben oder du fängst überhaupt erst damit an, dann macht es zu Beginn wahrscheinlich keinen großen Spaß. Erst mit der Zeit spürt dein Körper die Vorteile des Trainings. Bei einigen Sportlern, die fast täglich trainieren schüttet der Körper sogar Glückshormone aus, wenn sie nur an Sport denken.

Unser Gehirn ist nicht etwa faul, wie du jetzt denken könntest, sondern auf Effizienz ausgelegt – es nutzt jede Gelegenheit, um kostbare Energie zu sparen. Und nichts ist dafür besser geeignet als Routine. Wir müssen hier nicht großartig nachdenken. Vielleicht hast du dich auch schon einmal gefragt, wie du eigentlich in die Arbeit gefahren bist

... weil dein Gehirn den Weg ganz automatisch kennt. Routinen sind alles andere als langweilig, sie helfen uns, unsere Tätigkeiten über den Tag zu erleichtern. Nur, um unsere Ziele wirklich zu erreichen, müssen wir manchmal die Routinen neu programmieren.

Diese 4 Routinen helfen dir, deine Ziele zu erreichen.

Routine 1

Frühes Aufstehen zählt für viele als erfolgsfördernd. Natürlich spielen die Gene hier eine Rolle, ob man nun zu den Frühaufstehern oder eher zu den Nachteulen gehört. Um den Tag optimal für dich nutzen zu können, empfiehlt es sich dessen ungeachtet, nicht bis mittags in den Federn liegen zu bleiben. Und auch wenn der Wecker morgens klingelt, ist ein immer weiter Betätigen der Schlummerfunktion kein gutes Mittel, denn eigentlich bist du ja schon wach. Es kann helfen, den Wecker außerhalb der Reichweite zu positionieren – dann musst du aufstehen, um ihn auszuschalten. Einige Menschen schwören übrigens darauf, sofort nach dem Aufstehen das Bett zu machen. Diese kleine Routine speichert dein Gehirn schon als Erfolgserlebnis, denn die erste Aufgabe des Tages ist bereits erledigt.

Routine 2

»Was ziehe ich heute an?« Minuten ratlos vor dem Kleiderschrank zu stehen, ist nicht effektiv. Mark Zuckerberg macht es sich in diesem Fall sehr leicht, denn er zieht jeden Tag ein graues T-Shirt an. Das ist zeitsparend, wenngleich vielleicht auch etwas langweilig. Eine Routine, um am Morgen Zeit zu sparen, ist, schon am Abend das Outfit bereitzulegen. Überlege dir, was an diesem Tag geplant ist und richte deine Kleidung danach aus.

Routine 3
Ordnung ist das halbe Leben – wahrscheinlich stimmt die Hälfte von euch dieser Aussage zu, während die andere Hälfte ihr kreatives Chaos bewundert. Natürlich muss nicht jede Minute deines Lebens durchgeplant sein, aber es macht dir das Leben leichter. Außerdem hilft es dir, deine Ziele zu erreichen, wenn du einen Überblick über deine Termine und Aufgaben hast. Es gibt mittlerweile zahlreiche Möglichkeiten, To-do-Listen zu planen – ob handschriftlich in einem Kalender, online oder im Smartphone. Gehe deine Liste jeden Abend durch, was du erreicht hast und abhaken kannst. So wird auch dein Belohnungszentrum aktiviert. Im gleichen Zug kannst du deinen nächsten Tag planen. Plane auf jeden Fall regelmäßig Zeit für Bewegung ein. Erfolgreiche Menschen bewegen sich viel. Es muss nicht gleich das 3-Stunden-Power-Workout sein, ein Spaziergang an der frischen Luft kann schon Wunder wirken und dein Energielevel anheben.

Routine 4
Das Handy vibriert und signalisiert eine eingehende Nachricht. Und ist das nicht der Nachbar da draußen ... hat er etwa ein neues Auto? Mit wem telefoniert denn eigentlich die Kollegin? Ablenkungen sind allgegenwärtig. Ständig sind wir versucht, uns von einer Sache abbringen zu lassen, die uns vielleicht keinen Spaß macht. Auch wenn Multitasking so hoch gelobt wird, ist es nicht das Maß aller Dinge. Leg das Smartphone zur Seite oder schalte es

ganz aus, ziehe dich an einen ruhigen Ort zurück und versuche alle Ablenkung zu vermeiden, um wirklich konzentriert an einer Sache zu arbeiten. Hast du diese Aufgabe fokussiert erledigt, wirst du dich richtig gut fühlen, vor allem, wenn es auch noch eine unangenehme Tätigkeit war.

Disziplin und Rückschläge

Für nahezu alle Erfolge im Leben sind Übung und Disziplin entscheidend. Das gilt sowohl im Beruflichen wie auch im Privaten. Unser Leben verläuft aber nicht immer geradlinig, wir treffen auf Hindernisse, auf unerwartete Situationen und immer wieder müssen wir mit Rückschlägen umgehen. Mit Disziplin können wir die Schwierigkeiten jedoch überwinden. Ohne (Selbst-)Disziplin wirft uns Unerwartetes schnell aus der Bahn. Es fällt leichter, das Handtuch zu werfen, wenn unsere neuen Arbeitszeiten nicht mehr zu unserem Sportprogramm passen. Wer hingegen über (Selbst-)disziplin verfügt, wird einen Weg finden, auch weiterzumachen, wenn die Situation scheinbar schwieriger ist als gewohnt. Diszipliniert sein bedeutet, auch dann am Ball zu bleiben, wenn du gerade keine Lust hast oder an deinem Erfolg zweifelst.

Disziplin und negative Folgen?

Kann man zu diszipliniert sein? Hat Disziplin auch eine Schattenseite? Oftmals bewundern wir die Disziplin anderer und sind vielleicht auch etwas neidisch auf deren Erfolge. Aus einer zu strengen Haltung können sich allerdings auch übermäßige Ansprüche ergeben. Deshalb sollten wir nicht vergessen, uns regelmäßig Pausen zu gönnen.

Ernährung, Bewegung und Schlaf

Drei wesentliche Aspekte, die uns dabei helfen, Willenskraft und Disziplin aufzubauen, sind Ernährung, Bewegung und Schlaf. Du kennst bestimmt das Gefühl, wenn du zu viel gegessen hast: Du fühlst dich aufgebläht, müde und irgendwie unausgeglichen. Wenn du darüber hinaus nicht darauf achtest, ausreichend Vitamine, Mineralstoffe und andere Nährstoffe zu dir zu nehmen, fehlt dir Energie, um etwas anzupacken. Unser Gehirn braucht Glukose, um leistungsfähig zu sein. Bekommt es diese in Form von Zucker, treibt uns das schnell auf ein Hoch, doch der Energieschub hält nicht lange an. Um dein Gehirn gleichmäßig mit wichtigen Nährstoffen zu versorgen, bieten sich am besten frisches Obst, Nüsse, Gemüse und Proteine an. Eine dauerhafte Ernährungsumstellung hilft dir, dich fitter und besser zu fühlen. Natürlich ist es nicht mit einer einzelnen gesunden Mahlzeit getan. Wir tendieren dazu, uns in Sachen Ernährung selbst zu belügen. »Einmal ist keinmal.« »Heute ist doch der Geburtstag meiner Cousine, die Hochzeit meiner Freundin, der Abschied des Kollegen, die Willkommensparty des Nachbaren ... da darf ich ein Stück Torte mehr essen.« Um den Einstieg in die Ernährungsumstellung zu schaffen, kann am Anfang helfen, ein Ernährungstagebuch zu führen. Schreibe auf, was genau du gegessen hast und wie du dich dabei fühlst. Sei geduldig und gib deinem Körper Zeit, sich umzustellen. Ich bin mir sicher, dass du feststellst, dass es dir nach einigen Wochen gesunder Ernährung viel besser geht und du mehr Motivation und Energie hast.

Ebenso wichtig wie die Ernährung ist ausreichend Schlaf. Es gibt zahlreiche Methoden und Möglichkeiten, den Schlaf zu fördern. Leiden wir unter Schlafmangel, arbeitet der präfrontale Cortex – der Bereich des Gehirns, der für die Willenskraft zuständig ist – nicht optimal.

Jeder von uns hat ein anderes Schlafbedürfnis. Manchen reichen schon vier Stunden, andere brauchen acht Stunden, um erholt zu sein. Höre auf deinen Körper, um deine ideale Schlafdauer zu ermitteln. Achte aber darauf, zirka eine Stunde vor dem Schlafengehen schon in den Ruhemodus zu schalten. Ein Workout kann dazu führen, schlechter einzuschlafen. Ebenfalls ist es nicht hilfreich, sich vor dem Schlafen noch zu aufregenden Dingen zu widmen. Es kann helfen, alle technischen Geräte eine Stunde vor dem Schlafengehen auszuschalten. Komme in dieser Zeit zur Ruhe, nimm ein Entspannungsbad (nicht zu heiß und nicht zu lange, maximal eine halbe Stunde), ließ ein Buch oder meditiere, um schneller einzuschlafen.

Neben Ernährung und Schlaf spielt auch Bewegung eine Rolle, wenn es darum geht, unsere Willenskraft und Disziplin zu stärken. Jeden Tag sollten wir uns mindestens eine halbe Stunde bewegen. Nutze zum Beispiel die Mittagspause für einen Spaziergang. Es geht nicht darum, exzessive Sporteinheiten zu planen, sondern einen Ausgleich zum Job zu schaffen. Überlege dir, welche Art der Bewegung dir Spaß macht. Zusätzliche Motivation erhältst du, wenn du dir noch jemanden mit ins Boot holst. Es fällt bekanntlich schwerer, deinem Freund abzusagen, der sich schon auf den Sport mit dir gefreut hat.

Erreichungsziele und Vermeidungsziele

Es gibt zwei Gründe, warum wir etwas verändern wollen: Vermeidung und Erreichung. Das Vermeiden von etwas Unangenehmem mag zwar im ersten Moment als starker

Motivator dienen, aber auf Dauer funktioniert es nicht. Beim Beispiel Schmerz muss er im Vorfeld so groß sein und der Leidensdruck muss uns fast kaputt machen, bevor wir wirklich für Veränderung sorgen. Manchmal ist der Schmerz der einzige Grund, warum wir überhaupt große Veränderungen vornehmen. Doch ist es erstens nicht gesund, den Schmerz als Antreiber zu nutzen und zweitens ist es mit der Disziplin schnell dahin, wenn er überwunden ist. Nachhaltiger und definitiv auch positiver sind Erreichungsziele. Wir wollen etwas unbedingt erreichen und hoffen auf ein positives Resultat. Wir trainieren zum Beispiel für einen Marathon aus dem Antrieb heraus, über uns selbst hinauszuwachsen oder wir strengen uns im Job an, weil wir unsere Aufgaben immer besser erledigen möchten. Wir möchten etwas erreichen, auf das wir am Ende stolz sein können und machen es nicht, um es anderen zu beweisen oder weil wir vor etwas Angst haben.

Selbstmotivation – bleib am Ball

Wir sind alle nur Menschen und ab und zu fehlt es uns allen an Selbstmotivation. Folgende Tipps helfen dir, motiviert zu bleiben:

Tipp 1

Mach dir deine Ziele bewusst. Um deinen inneren Schweinhund zu überwinden und deine Selbstmotivation aufrechtzuerhalten, mach dir im Sinne der Erreichungs- und Vermeidungsziele bewusst, warum du etwas tust. Warum schiebst du Aufgaben auf? Was steckt dahinter? Welche negativen Konsequenzen hast du bereits tragen müssen, weil du etwas aufgeschoben hast? Hast du zum Beispiel immer wieder aufgeschoben ein Abo zu kündigen, wirst du jetzt vermutlich noch einige weitere Monate für etwas bezahlen müssen, was du gar nicht nutzt. Vielleicht hast du zugenommen, weil du es immer wieder aufgeschoben hast, Sport zu machen, und bist jetzt unglücklich? Beantworte diese Fragen am besten schriftlich und notiere die Gründe dafür, dass du dich für manche Dinge nicht motivieren kannst. Welche Vorteile hat es, beispielsweise diszipliniert deine Rechnungen abzuheften? Was kannst du mit der Zeit anfangen, die du auf diese Weise sparst?

Tipp 2

Hast du 300 Sekunden Zeit? Falls du gerade nachrechnest, 300 Sekunden sind fünf Minuten, und die hat wohl jeder von uns am Tag Zeit. Widme jetzt diese fünf Minuten einer Aufgabe, auf die du überhaupt keine Lust hast, zum Beispiel den Schrank sortieren, eine unangenehme E-Mail schreiben oder den Essensplan für nächste Woche aufstellen. Vielleicht drückst du dich schon Tage oder gar Wochen um diese Aufgabe herum. Der Anfang ist immer schwer – anstatt jedoch zu denken, du müsstest Stunden damit verbringen, den Schrank zu entrümpeln, nimm dir vor, dies fünf Minuten lang zu tun. Zugegeben – in fünf Minuten wirst du nicht allzu viel schaffen, aber wenn du einmal damit angefangen hast, stellst du wahrscheinlich fest, dass es gar nicht so schlimm ist. Vielleicht bleibst du sogar dran und bringst deine Aufgabe zu einem erfolgreichen Abschluss. Solltest du jedoch nach 300 Sekunden immer noch keine Lust darauf haben, dann höre auf, denn du hast dein Ziel erreicht, diese Zeitspanne investiert.

Tipp 3

Feiere deine Fortschritte. Du hältst dich schon seit Monaten diszipliniert an einen Ernährungsplan. Seit sechs Wochen schaffst du es schon, morgens früher aufzustehen. Und seit ein paar Tagen schaffst du es auch, abends ein Buch zu lesen anstatt fernzusehen. Vergiss nicht, deine Fortschritte und Erfolge zu feiern! Halte fest, was du schon alles erreicht hast - das hilft dir, diszipliniert zu bleiben. Schreibe dir auf, was gut gelaufen ist, was vielleicht nicht so gut und welche Ziele du schon erreicht hast.

Tipp 4

Sei dankbar. Demotivation und der innere Schweinehund lauern überall. Du denkst, dass du gerade etwas super geschafft hast, aber dann stellst du fest, dass du dafür viel länger gebraucht hast als gedacht. Oder du raffst dich zum Joggen auf und schon nach wenigen Metern geht dir die Luft aus. »Das bringt doch alles nichts!«, denkst du, schon ist der Schweinehund in Alarmbereitschaft und bezirzt dich, alles sein zu lassen. Ändere also gleich von Beginn an deine Perspektive auf deine Leistung. Du musst nicht gleich 10 Kilometer easy joggen können und du wirst auch nicht sofort Fortschritte sehen. Um bei der Sache zu bleiben, ist es wichtig, dich auf den positiven Aspekt zu konzentrieren. Die Tatsache, dass du überhaupt angefangen hast, ist schon eine Menge wert. Sei dankbar dafür, dass du dich überhaupt bewegen kannst – auch wenn es dir ein bisschen schwerfiel. Denn jeder Schritt, den du machst, ist einer mehr als keiner. Sei dankbar, dass du die Freiheit hast, deine Freizeit so zu gestalten, wie du möchtest. Freue dich über jeden kleinen Erfolg.

Tipp 5

Teamgeist. Motivation von außen kann dir helfen, deine Ziele zu erreichen. Schließe dich einer Laufgruppe an und erzähle anderen von deinen Zielen und schon fühlst du dich etwas mehr verpflichtet, diese auch zu erreichen. Dass ein Team motiviert, trifft nicht nur für Sport zu. Auch andere Aktivitäten sind in der Gruppe super: Tritt einem Literaturclub bei oder koche mit Freunden.

Tipp 6

Einfach machen. Deine Listen sind geschrieben, deine Motivation ist da, die Musik für den ersten Lauf ist ausgewählt – aber jetzt fehlt noch die Trainingskleidung. Also vergeudest du wieder ein paar Stunden damit, online nach funktioneller und schicker Kleidung zu suchen. Du liest Testberichte über verschiedene Marken an, fragst vielleicht sogar Freunde nach ihren Erfahrungen und schon ist es zu spät, um die Joggingrunde anzufangen. Aber jetzt mal ehrlich: Statt deine Zeit damit zu verplempern, auch schweißgebadet schick auszusehen, hättest du schon längst loslegen können, oder?

Disziplin ist eine Entscheidung, die du täglich triffst. Eine Entscheidung dafür, was sich vielleicht für den Moment nicht gut anfühlt, aber langfristig gut für dich, deine Gesundheit, dein Leben ist – oder möchtest du enden wie der Fußballprofi? Je öfter du diese Entscheidung für dich triffst, desto leichter wird es dir fallen.

KAPITEL 5
TOLERANZ

Der Tatort – ein toter Nachbar

Ein Streit endete mit Schwerverletzten, sogar einem Toten – und das alles nur, weil die Toleranz gegenüber den Mitmenschen fehlte. Diese spezielle Tatortreinigung führte mich in unser Nachbarland Frankreich. Da wir dort auch über eine kleine Filiale verfügen, war es für mich nicht ungewöhnlich, hier zum Einsatz gerufen zu werden. Dieser sehr spezielle Fall hat mich sehr viel über Toleranz gelehrt und warum Intoleranz tödliche Folgen haben kann.

Ich fuhr also mehr oder weniger mitten in der Nacht los, um direkt am nächsten Morgen in Paris zu sein und mit meiner Arbeit zu beginnen. Ein luxuriöser Altbau in einem Nobelviertel wartete auf mich. Und ich muss sagen, ich liebe alte Gemäuer mit Historie und einer ungewöhnlichen Architektur. Sie sind wie Menschen, die Charakter haben. So freute ich mich, als mein Einsatzort genau so war. Insgesamt hatte das Gebäude sieben Stockwerke. Entsprechend der Bauweise Ende des letzten Jahrhunderts bestand es aus Vorder- und Hinterhaus. Eine große, alte Holztür, die fast eher an ein Schloss erinnerte – zumindest in meiner Vorstellung – führte hinein. Der Anblick dieses Hauses versetzte mich in Hochstimmung. Über den Tatort selbst wusste ich bis dato nicht viel. Mein Auftraggeber Monsieur Leclerc erzählte mir lediglich, dass hier ein Gewaltverbrechen geschehen war. Der Vorfall ereignete sich in zwei übereinanderliegenden Wohnungen im vierten und fünften Stockwerk. Hier gab es wohl einen heftigen Streit unter den Mietern.

Wie in vielen Ländern üblich, war am Eingang ein Codeschloss angebracht. Ich gab also die PIN ein, die ich erhalten hatte und bekam so Zugang zum Gebäude. Ich ging durch eine Hofeinfahrt, die das Vorder- mit dem Hinterhaus verband und konnte noch einen Blick in einen wunderschönen Lichthof werfen. Das Hinterhaus war im Gegenteil zum Vorderhaus, das mit einer prächtigen Fassade aufwartete, recht schlicht. Der Eigentürmer, der mich beauftragt hatte, sagte, dass im Hinterhaus zwölf Parteien wohnten und vorne zwanzig. Bei der gleichen Wohnfläche ließ das darauf schließen, dass die Wohnungen recht groß und schön ausgebaut waren. Beim Betreten des Treppenhauses war ich beeindruckt von dem Geländer mit einem Handlauf aus Messing. Der Fußboden war mit uralten Fliesen ausgelegt, die ein Mosaik bildeten. Das Treppenhaus bestand aus einer »Schnecke«, die den Blick ganz nach oben freigab. Hier war ein winziger Fahrstuhl eingebaut worden, der maximal für zwei Menschen Platz bot. Er war nicht unbedingt vertrauenerweckend, etwas klapprig und die ganze alte Mechanik und Technik war im Gegensatz zu modernen Aufzügen für das bloße Auge sichtbar.

Vor Ort nahm ich natürlich die Treppe, nicht nur, weil ich dem Fahrstuhl misstraute, sondern auch weil ich für eine Extrarunde Sport immer zu haben bin. Also auf in den vierten beziehungsweise fünften Stock. Die alten Holzstufen knarrten unter meinem Gewicht und zeigten die Spuren der Bewohner der letzten Jahrhunderte.

Schon gleich im ersten Stockwerk entdeckte ich auf dem Boden viel Blut. Ich dachte mir, da sich mein Auftrag doch auf den vierten, fünften Stock bezog, dass es sich hier wahrscheinlich um etwas anderes handeln musste. Vielleicht war es auch kein Blut, sondern eine andere Flüssigkeit. Vielleicht stammte sie einfach aus einem ausgelaufenen Müllbeutel.

Blutiges Treppenhaus

Beim weiteren Aufsteigen dachte ich mir beim Blick auf das Treppenhaus nur: »Ach du heilige Sch***!« Überall an den Wänden waren Spuren von Blut. Allerorts waren vereinzelt rote Tropfen verteilt. Wenn es schon hier unten so anfing, musste es insgesamt einen massiven Blutverlust gegeben haben. Entweder war eine Arterie verletzt worden und es hat herausgespritzt oder es wurde wieder und wieder mit einem stumpfen oder spitzen Gegenstand Gewalt ausgeübt. Im zweiten und dritten Stock zeigte sich noch mehr Blut: Hier ist es richtig abgegangen.

Ich konnte mir bloß ein diffuses Bild davon machen, was hier geschehen war, denn auch Monsieur Lerclerc riet mir, alle Fragen mit der Polizei zu klären. Mit meinen nicht vorhandenen Französischkenntnissen konnte ich nichts wirklich klären, weshalb ich ihn bat, dies für mich zu übernehmen. Trotz dieses Gesprächs und zwei weiteren Rückrufen konnte er mir überhaupt nichts sagen, außer, dass es unter Nachbarn einen Streit gab. Also stand ich, wie schon so oft, vor einem Rätsel und fragte mich, was hier genau passiert war – der Profiler in mir erwachte.

Für einen Beamten der Kripo ist anhand der Gegebenheiten sofort klar: Hier wurde jemand angeschossen. An Ort X hat er gestanden, weil die Kugel von Y in Winkel Z eingeschlagen ist. Und so zeigt sich das bei Gewaltverbrechen bei mir auch oftmals. Dann frage ich mich, ähnlich wie die Kripo oder wie ein Profiler, was dazu geführt hat. Die Polizei sucht einen Täter, ich suche die Geschichte, um die Hintergründe zumindest teilweise verstehen zu können. Denn eigentlich leben wir in einer guten Welt und die Frage lautet, wie sich Negatives in Positives wandeln kann.

Anhand der Blutmenge im Treppenhaus kam ich zu dem Schluss, dass eigentlich mehrere Personen an dem Nachbarschaftsstreit beteiligt gewesen sein mussten. Es waren locker drei bis fünf Liter Blut auf dem Flur verteilt – hier war also irgendetwas Schreckliches passiert. Der Konflikt muss heftig gewesen sein und wenn es nur ein Opfer gegeben hat, ist dieses jetzt mit ziemlicher Sicherheit tot. Sollten mehrere Menschen hier ihr Blut verloren haben, mussten sie mit ziemlicher Sicherheit schwer verletzt sein. Aber am Ende war es ganz anders ...

Tatortwohnung I

Im vierten Stock angelangt, wusste ich sofort, welche Wohnung einer der Tatorte war. Die Wohnungstür war eingeschlagen und wurde nur noch provisorisch von einem Klappscharnier zusammengehalten. Die Türe war aber dennoch verriegelt, sodass ich wieder den Kunden anrufen musste. Monsieur Leclerc sorgte wiederum dafür, dass mir der Hausmeister Zugang zur Wohnung gab. Aber bis es soweit war, bin ich in die nächste Etage gestiegen, um mir hier ein Bild von der zweiten Tatortwohnung zu machen.

Es war eine beeindruckende Wohnung, die mich empfing: Die bestimmt drei Meter hohe Decke war mit Stuck verziert, die wunderschönen Dielenböden waren mindestens Hundert Jahre alt und gaben bei jedem Schritt das typische Knarzen von sich. Die Einrichtung entsprach einer Mischung aus Modern und Vintage. Hätte ich es mir aussuchen können, wäre dies mit Sicherheit auch eine Wohnung, in der ich gern gelebt hätte. Auf der linken Seite des Flurs lag eine große Küche und dahinter ein weiterer Raum. Auf der anderen Seite gingen noch drei weitere Türen ab – insgesamt verfügte die

Wohnung etwa über sechs Zimmer. Die Spuren des Tatorts konzentrierten sich auf den Flur und das Wohnzimmer. Hier waren deutliche Kampfspuren auszumachen, alles war kurz und klein geschlagen. Weshalb haben sich hier zwei Mieter so derart in die Wolle bekommen?

Obwohl nicht viele Gegenstände und Möbel in der Wohnung waren, befand sich doch nichts mehr dort, wo es eigentlich hingehörte. Bilder und Fotos waren von der Wand gerissen, Möbelstücke verrückt und Dekogegenstände zerbrochen. Das geschmackvolle Mobiliar ließ darauf schließen, dass die Mieter finanziell gut gestellt waren. Grundsätzlich hat Vermögen nichts mit dem Verbrechen zu tun, gleichwohl kam es mir ein bisschen komisch vor, dass gerade in einer schicken Gegend mit gut gestellten Bewohnern eine Gewalttat vorkommt. Derart blutige Bilder kenne ich sonst nur von Revierkämpfen im Milieu. Mein Kopfkino lief wieder an und da sich mein Französisch, wie gesagt, auf vielleicht drei Wörter beschränkt, hatte ich auch keine Möglichkeit, jemanden zu fragen. Mittlerweile kam auch der Hausmeister und schloss mir die untere Wohnung auf.

Tatortwohnung II

Die Einrichtung hier war deutlich anders. Es wurde sofort klar, dass hier eine Familie mit Kindern wohnte – Kinderschuhe im Flur, zwei Kinderzimmer sowie umherliegendes Spielzeug machten das mehr als deutlich. Nach so vielen Jahren als Tatortreiniger sehe ich mittlerweile auch die Dinge, die über den eigentlichen Tatort hinausgehen. Menschen, die eine solche Wohnung betreten, erleiden einen kleinen Schock, sehen nur das viele Blut, eventuelle Gewebereste und fokussieren sich dann darauf. Bei mir ist das nicht mehr der Fall, ich sehe das neutral aus der Vogelperspektive. Wie ein Adler, der über seiner Beute kreist, suche ich nach Antworten, die das Geschehen erklären.

Schätzungsweise lebten in der oberen Wohnung zwei bis drei Personen und in der darunter liegenden eine Familie mit mindestens zwei Kindern. Hier befanden sich im Flur, Badezimmer und der Küche ähnliche Spuren wie in der oberen. Anhand der Blutverteilung und -muster konnte man jedoch erkennen, dass hier im Gegensatz zu oben kein direkter Kampf stattgefunden hatte, sondern eher eine Art Rettungsakt. Es sah so aus, als habe sich jemand mit einer Verletzung in ein Zimmer geschleppt. Die Person blutet zwar auch alles voll, aber das Muster des Blutes ist anders. Es gibt beispielweise Tropfen an der Badewanne, die aufgrund der Schwerkraft nach unten laufen, während bei einem Kampfgeschehen überall Blut verteilt und verwischt ist.

Erste Schritte

Routiniert begann ich mit der Reinigung der Räume. Insbesondere Blut auf Holz ist ein Thema für sich. Dringt es beispielsweise in die Fugen alter Dielenböden ein, ist es nur schwer wieder zu entfernen. Beim Reinigen achte ich explizit auf die Fugen. Zum Glück war der große Vorteil hier, dass die Böden lackiert waren, was mir die Reinigung wesentlich erleichterte. Gerade im Treppenhaus war der Aufwand erheblich. Nach einer ersten Bestandsaufnahme informierte ich Monsieur Leclerc, wie aufwendig diese Reinigung sein würde und dass ich es alleine definitiv nicht binnen eines Tages schaffen würde. Ich erklärte ihm, dass sich möglicherweise die Tapete von den Reinigungsmitteln verfärbt. Sie bleicht an der Stelle aus, an denen ich die Blutspritzer bereinige. Der

Handlauf und der Boden im Treppenhaus stellten keine weiteren Probleme dar. Und ehrlicherweise ist ein Treppenhaus in einem Mehrfamilienhaus nie klinisch rein, selbst wenn ich es gereinigt habe.

Ich bestätigte ihm, dass ich dann am nächsten Tag in Ruhe die Wohnungen reinigen würde. Am Morgen sollte auch noch einmal die Kripo vorbeikommen und die Wohnungen durchsuchen. Ich erkundigte mich, ob ich dennoch arbeiten könnte und erklärte ihm, dass in Deutschland eine Wohnung, sobald die Kripo eintrifft, gesperrt ist. Aber die französischen Kollegen sind da wohl ein bisschen entspannter.

Also »schrubbte« ich zunächst das ganze Treppenhaus, die Holzstufen, Wände und den Handlauf. Eigentlich Routine – wäre da nicht immer noch die quälende Frage gewesen, wie sich Menschen, die im entferntesten Sinne sogar unter einem Dach wohnen, nur so verletzen konnten. Nach getaner Arbeitet bereitete ich mich gedanklich auf den nächsten Tag vor. Ich fuhr in mein schönes, kleines Hotel, bewunderte während der Fahrt noch ein paar Sehenswürdigkeiten, aß zu Abend. Wie sollte ich am nächsten Tag die Situation mit den Kripobeamten angehen? Vorsichtshalber legte ich mir ein paar Worte auf Französisch zurecht, um zumindest erklären zu können, was genau ich dort machte.

Glückskind

Mit Recht kann ich mich in solchen Fällen als echtes Glückskind bezeichnen. Einer der Beamten hatte Jahrzehnte lang im Elsass gelebt und sprach fast perfektes Deutsch. Ich hatte mir eigentlich schon ausgemalt, dass ich mit irgendeiner überteuerten Übersetzungshotline am Telefon auch nur ansatzweise ein paar Fragen stellen könnte oder mehr schlecht als recht mit einem zur damaligen Zeit noch grottigen Übersetzungsprogramm arbeiten müsste. Aber dieser Kripobeamte war so freundlich, mir auf Deutsch zu erklären, was genau passiert war und brachte damit endlich Licht ins Dunkel.

Die Nachbarn waren untereinander immer mal wieder in Streitereien verwickelt - zu laut sei es oft gewesen. Entweder schallte das Klavier von der oberen Wohnung so, dass die Kinder nicht schlafen konnten, oder die Kinder störten die Ruhe oben. Die Polizei sei mehr als einmal zum Einsatz gerufen worden. In der Tatnacht habe wohl der berühmte Tropfen das Fass zum Überlaufen gebracht, und zwar in dem Augenblick, als in der oberen Wohnung eine kleine Feier stattfand. Es waren mehrere Personen eingeladen und wie man sich vorstellen kann, wurde es nach ein oder zwei Gläsern Wein oder Champagner etwas ausgelassener. Selbstverständlich enthemmt Alkohol und führt in vielen Fällen zu aggressiverem Verhalten. Vielleicht waren hier sogar noch weitere Substanzen im Spiel. In diesem Moment fiel mir das Bad mit seinem alten, kantigen Waschbecken und geschwungenen goldenen Wasserhähnen ins Gedächtnis. Auf dem Waschbecken sah es ein bisschen aus, als hätte jemand sich eine Line Koks gezogen, aber es hätte genauso gut auch angetrocknete Zahnpaste sein können. In Anbetracht der Tatsachen war es allerdings durchaus möglich, dass nicht nur der erhöhte Alkoholpegel zur Eskalation beigetragen hatte.

Eines der Nachbarskinder war an diesem Abend krank, weshalb sich die Frau von unten beschwerte, es sei zu laut und das Kind könne nicht schlafen. So lauteten die Schilderungen des Beamten. Bis dahin war die Situation relativ normal, wie sie wahrscheinlich in hundert anderen Häusern täglich vorkommt. Die schicksalhafte Wendung ereignete sich, als einer der Partybesucher seiner Gastgeberin zur Seite stehen wollte und sich in das Geschehen einmischte. Vielleicht wollte er auch nur schlichten – was genau sein Motiv war, bleibt offen. Er hatte sich immer weiter in seinen Ärger hineingesteigert, sodass er sich entschied, der Nachbarin, die schon längst wieder gegangen war, einen Besuch abzustatten. Er gab Bescheid, dass er nach unten gehen und das ein für alle Mal klären würde. Verwunderlich war, dass er bei einer Feier ein Messer dabeihatte, das er selbstverständlich auch jetzt mit sich führte. Der Familienvater öffnete ihm die Tür und ohne ein Wort ging der Mann mit dem Messer auf ihn los und stach auf ihn ein. Der Vater war aber wohl in Kampfkünsten bewandert und wehrte sich – und das richtig brutal.

Seine Frau, die Musiklehrerin war – und hier habe ich mir noch gedacht, wie seltsam es ist, dass gerade sie kein Verständnis für das Klavierspiel der Nachbarn zeigte – mischte sich wohl ein und teilte ebenfalls ordentlich aus. Man könnte denken, dass Mitglieder einer gehobenen Gesellschaftsschicht nicht auf solche Art und Weise miteinander umgehen, aber dieser Tatort zeigte das Gegenteil.

Es war nicht etwa so, dass sich nach der Messerattacke alles beruhigte und beide Parteien miteinander vernünftig redeten, nein, es wurde sogar noch schlimmer. Oben ging es weiter. Der Gastgeber, seines Zeichens Professor, schnappte sich ein Hackbeil aus der Küche und dann ging es erst richtig los. Es gab einen Kampf, den man sonst nur von den Kinoleinwänden kennt. Insgesamt wurden acht Personen schwer verletzt und einer der Beteiligten der Feiergesellschaft hat sogar mit seinem Leben bezahlt.

Die Frage ist, wie sich die Situation derart hochschaukeln und wie die beiden Nachbarn die Toleranz für den anderen komplett verlieren konnten.

Wenn die Toleranz fehlt

Der Bericht des Beamten hallte in mir nach und ich dachte über Toleranz nach, während ich damit begann, das Wohnzimmer in der oberen Wohnung zu reinigen. Hier war eine unglaubliche Menge an Blut vergossen worden. Teilweise klebte eine dicke Plasmaschicht am Boden. Es stammte wohl von einer schwerstverletzten Person, die literweise Blut verloren hatte. Zunächst dachte ich aufgrund der Spuren, es sei jemand über den Boden geschleift worden. Es waren aber wohl die Rettungssanitäter, die bei der Versorgung der Verletzten das Blut noch weiter in der Wohnung verteilten. Es war schließlich ein Großeinsatz vor Ort, zu dem sie gerufen wurden. Als hätte man ein Tier abgeschlachtet, dass um sein Überleben kämpfte. Auch an den Fensterscheiben klebte Blut, auch an den Wänden waren Spritzer und blutgetränkte Fingerabdrücke zu sehen. Hier musste jemand an die Wand gedrückt worden sein.

Nachbarn in Angst

Natürlich weckte es die Neugier der Nachbarn, als ich mit dem Kripobeamten sprach und sie sprachen auch mich an. Verstanden habe ich sie natürlich nicht und ebenso wenig konnte ich antworten. Ich griff auf ein bisschen Englisch und Hände und Füße zurück. Einer Nachbarin war anzusehen, dass sie fix und fertig war. Sie sagte, es sei eine Sache, so etwas in den Nachrichten oder im Fernsehen zu sehen, eine andere, es live zu erleben.

Den Nachbarn zufolge dauerte das Geschehen etwa zwanzig Minuten. Das komplette Haus stand Kopf, denn der Kampf zog sich ja über zwei Ebenen, sodass sämtliche Nachbarn alarmiert waren. Einer sei sogar aus Angst aus seiner Wohnung geflüchtet, ein anderer rannte runter zu seinem Nachbarn, um zumindest nicht alleine zu sein. Zwischenzeitlich informierte jemand die Polizei, die die Taten letztendlich aufhielten.

Meine Gedanken waren auch bei den armen Kindern. Was es in einer Kinderseele auslöst, wenn der eigene Vater brutal angegriffen wird und sich die Wohnung, die eigentlich das sichere Zuhause sein sollte, in ein Schlachtfeld verwandelt, mag ich mir gar nicht ausmalen. Und auch noch mitzubekommen, wie die eigenen Eltern ins Krankenhaus gebracht werden, muss eine massive Einwirkung auf die Psyche gehabt haben.

Am Ende eines schrecklichen Abends blieben also verängstigte Kinder und Nachbarn zurück. Acht verletzte Personen wurden ins Krankenhaus gebracht und ein Gast erlag seinen Verletzungen. Der Partygast, der den Nachbarn schwer verletzte, wurde später verurteilt und kam ins Gefängnis.

Toleranz hat unterschiedliche Ebenen

Der Begriff Toleranz stammt vom Lateinischen *tolerare* ab und kann übersetzt werden mit erdulden oder auch ertragen. Toleranz beinhaltet aber noch mehr, als einfach nur andere zu »ertragen«. Sie bedeutet, dass wir andere Menschen so akzeptieren, wie sie sind. Es spielt dabei keine Rolle, welche Hautfarbe, Religion, Bildung oder Herkunft ein Mensch hat.

Toleranz beinhaltet darüber hinaus, keine Beurteilung und Bewertung von Einstellungen oder Verhaltensweisen zu treffen. Sie umfasst die Auseinandersetzung mit anderen, das bewusste Wahrnehmen von Unterschiedlichkeit und Gemeinsamkeiten. Dies erfordert Neugier, Interesse, aktives Zuhören und Dialogbereitschaft. Dabei ist es aber auch wichtig, die Grenzen der Toleranz zu kennen. Sie sind bei Diskriminierung und Gewalt erreicht: keine Toleranz der Intoleranz. Hier ist Zivilcourage gefragt, um Grenzen zu ziehen.

Warum Toleranz so wichtig ist

Toleranz ist nicht nur eine wichtige Voraussetzung im persönlichen Umgang mit Menschen, sondern auch Grundvoraussetzung in einer demokratischen und pluralistischen Gesellschaft. Die Fähigkeit zu einem toleranten Verhalten hängt oftmals von der Erziehung und unseren bisherigen Erfahrungen ab. Jedoch ist Toleranz ein lebenslanger Lernprozess.

Toleranz erlernen

Toleranz zu erlernen ist elementar für ein friedliches Miteinander und ist Teil einer umfassenden Friedenspädagogik beziehungsweise Friedenserziehung. Diese kann die Wahrnehmung für die Gefahren eskalierender Konflikte schärfen und die Sensibilität für Gewalt im Alltag erhöhen. Zudem bin ich davon überzeugt, dass Intoleranz einengt. Ich gehe sogar noch einen Schritt weiter und wage zu behaupten, dass dich Intoleranz um einen Teil deines Lebens beraubt. Sie nimmt dir Lebensqualität. Sie nimmt dir die Möglichkeit einer umfassenden Persönlichkeitsentwicklung.

Eine der wichtigsten Voraussetzungen, um Toleranz entwickeln zu können, besteht darin, dass man selbst Toleranz, Wertschätzung und Zugehörigkeit erleben konnte. Daher ist es umso wichtiger, dass es viele tolerante Menschen gibt, die diese Haltung und diesen Wert an ihre Kinder weitergeben.

Fünftes Prinzip: Toleranz basiert auf unterschiedlichen Sichtweisen

In erster Linie bedeutet Toleranz also, andere Menschen mit allen Stärken und Schwächen, mit ihren Eigenheiten zu akzeptieren. Das sorgt dafür, dass die Kommunikation erleichtert wird – innerhalb der Familie, mit Arbeitskollegen, Freunden oder in der Beziehung.

Akzeptierst du deine Mitmenschen in ihrer Vielfalt, mit ihrer Weltanschauung, ihren Sitten, Gewohnheiten und eigenem Lebensstil, zeigst du Toleranz. Oft ist das leichter gesagt als getan. Jeder Einzelne lebt in seiner eigenen Realität, geprägt von seinen Erfahrungen und dem, was ihm andere und die Gesellschaft mitgeben.

Generationenkonflikt aufgrund mangelnder Toleranz

Jede Altersgruppe entwickelt ihre eigenen Denk- und Verhaltensweisen. Denk an deine Großeltern, Eltern oder jüngere beziehungsweise ältere Freunde. Sie werden wahrscheinlich andere Ansichten haben als du selbst. Das liefert Zündstoff für Konflikte – und fehlt dann noch die Toleranz für die andere Sichtweise, ist Streit vorprogrammiert. Für ältere Generationen spielen Traditionen häufig eine große Rolle, während die Jüngeren vieles anders und aus ihrer Sicht besser machen möchten.

Zum Beispiel tritt immer wieder der Konflikt auf, dass Eltern sich wünschen, dass ihre Kinder eine »vernünftige« Ausbildung oder ein Studium absolvieren. Schließlich muss man etwas »Gescheites« lernen, um Brötchen zu verdienen. Im besten Falle möchten die Eltern, dass die Sprösslinge in ihre eigenen Fußstapfen treten: »Mach doch eine Ausbildung zur Bankkauffrau.« »Ein BWL-Studium kann in keinem Fall schaden.« Für die Elterngeneration war es selbstverständlich, eine Ausbildung zu machen, die schnell finanziellen Erfolg verspricht. Die Tochter hingegen sieht keinen Sinn darin und will erstmal durch die Welt reisen. Der Sohn möchte ein Freiwilliges Soziales Jahr absolvieren. Beide Seiten verstehen einander nicht. Es kommt zum Streit, weil sich die mangelnde Toleranz für den anderen emotional entlädt. Anstatt sachliche Argumente für die eigene Sichtweise anzuführen, kochen die Gefühle hoch. Nüchtern betrachtet, wollen die Eltern wahrscheinlich nur, dass es dem Kind gut geht, es einen soliden Job hat, sein eigenes Geld verdient. Das Kind möchte sich ausleben, Grenzen erfahren, auch mal ein Risiko eingehen. Es sind beides normale und nachvollziehbare Standpunkte. Ein ruhiges, an Argumenten orientiertes Gespräch kann hier helfen, den Konflikt aus dem Weg zu räumen.

Toleranz und Selbstvertrauen

Aufgrund des gesellschaftlichen Wandels der letzten Jahre haben starre Vorgaben und Normen weniger Bedeutung als früher. Die Einstellung zu Homosexualität, eine Familie zu gründen ohne zu heiraten oder demonstrativem Ausleben der eigenen Werte sind nur einige Beispiele. Die Toleranz für solche Themen steigt – und das ist gut, Toleranz hat immer auch etwas mit Selbstvertrauen zu tun. Ist jemand unsicher, ängstlich, misstrauisch oder im Gegenzug narzisstisch oder egoistisch, dann verfügt er wahrscheinlich über ein nur geringes Maß an Toleranz, weil er sich durch die Andersartigkeit von Menschen bedroht fühlt. Intolerante Menschen sehen nur schwarz und weiß. Für sie gibt es nichts dazwischen – entweder man ist ihrer Meinung oder man ist dagegen. Die vielen Graustufen dazwischen sind es aber gerade, die eine tolerante Haltung ausmachen. Menschen und Situationen lassen sich nicht nur nach dem Aspekt richtig und falsch bewerten, manchmal fasst dieses Kriterium auch gar nicht.

Folgende Tipps helfen dir, deinen Mitmenschen toleranter zu begegnen:

Tipp 1
Jeder Mensch hat ein Recht auf freie Meinungsäußerung. Versuche im nächsten Gespräch, erst einmal zuzuhören, um dein Gegenüber wirklich verstehen zu können.

Tipp 2
Vorurteile verabschieden. Wir alle haben Vorurteile im Kopf, wenn es um bestimmte Gruppen, Nationalitäten, Berufe oder Ähnliches geht. Mache dich frei von diesen Vorstellungen und begegne jedem Menschen mit einer neutralen Haltung.

Tipp 3
Du bist nicht das Maß aller Dinge. Denke nicht, dass deine Ansichten allgemeingültig sind, sondern sei offen für Denkimpulse von außen.

Tipp 4
Unsinn tolerieren. Redet dein Gegenüber deiner Meinung nach gerade nur Mist, dann versuche nicht, ihn zu korrigieren. Stell dir vor, wie oft du dich schon geirrt hast, und selbst wenn er auf seinem Unsinn beharrt, verurteile ihn nicht.

Tipp 5

Ursachenforschung betreiben. Woran liegt es, wenn du strikt gegen oder für etwas bist? Vielleicht liegen die Ursachen in der Kindheit oder deinen Erfahrungen? Wenn du dir vor Augen führst, dass ein anderer Mensch auch andere Erfahrungen gemacht hat, fällt es dir leichter, tolerant zu sein.

Toleranz lernen

Toleranz lernen wir nicht einfach so. Insbesondere Kinder brauchen hier die Unterstützung des Umfelds. Sie nehmen schon früh wahr, wenn jemand »anders« aussieht oder sich »anders« verhält, auch wenn sie es in noch keinen Kontext setzten und erstmal offen und neugierig auf jeden zugehen. Diese Haltung sollten wir uns auch im Erwachsenenalter erhalten. Passt eine Person nicht ins Muster dessen, was die Gesellschaft für »normal« erachtet, äußern das Kinder oft unverblümt. »Warum sitzt der Mann im Rollstuhl?« »Warum trägt die Frau ein Kopftuch?« Es ist allerdings unsere Aufgabe, ihnen beizubringen, dass jeder Mensch einen Wert hat, egal wie er aussieht, und schon früh über das Thema Toleranz zu sprechen. Im Sinne der Tatortgeschichte könnte man sich fragen, was die Kinder, die die Auseinandersetzung miterleben mussten, wohl über Toleranz denken.

Für den Umgang zum Thema Toleranz kommen hier Tipps für Eltern:

Tipp 1

Vorbildfunktion. Kinder lernen durch Nachahmung. Sie beobachten ganz genau, wie sich ihr Umfeld verhält und übernehmen Sprache, Verhalten, Gestik und Mimik. Wir kennen es, wenn sie zum Beispiel ein Schimpfwort aus der Kita mit nach Hause bringen oder einen bestimmten »Move« aus einem Film übernehmen. Das Umfeld und hier insbesondere die Familie ist gefordert, Toleranz zu zeigen.

Tipp 2
Emotionale Kompetenz stärken. Empathie ist uns von Geburt gegeben. Die Spiegelneuronen im Gehirn sorgen dafür, dass wir in der Lage sind, uns in andere hineinzufühlen. Diese emotionale Kompetenz sollten wir auch bei Kindern fördern.

Tipp 3
Neugier und Offenheit fördern. Eigene Wege gehen, Lösungen finden, kreativ sein und sich nicht nur auf Vorgegebenes verlassen – das sind Kompetenzen, die viele erfolgreiche und zufriedene Menschen auszeichnen. Das gilt auch für Toleranz. Bringen wir den Kindern bei, offen und neugierig auf neue Situationen zu reagieren, anstatt diese sofort abzulehnen oder zu verurteilen, wird sich das auch darin widerspiegeln, dass sie toleranter werden.

Hat Toleranz Grenzen?

Alles zu tolerieren ist meiner Meinung nach der falsche Weg. Grundsätzlich endet Toleranz bei kriminellen Handlungen oder menschenverachtenden Äußerungen sowie extremen Gesinnungen. Über allem steht Artikel 1 (1) des Grundgesetzes: »Die Würde des Menschen ist unantastbar.« Wirst du Zeuge, wie jemand einem anderen Menschen die Würde nimmt, so solltest du das nicht tolerieren, sondern einschreiten.

Der Begriff der Toleranz selbst sagt uns nicht, woran wir uns orientieren sollen. Natürlich gibt es Werte, Grundsätze, Normen und rechtliche Rahmen. Im Grunde entscheidet eine Mischung aus unserer Erfahrung, Überzeugung, Glaubenssätzen oder kulturellem Umfeld, was wir tolerieren und was nicht. Doch an der eigenen Toleranz lässt sich arbeiten, wie die Tipps in diesem Kapitel zeigen. Ebenso versteht sich, dass wir nicht von heute auf morgen tolerant(er) werden. Es ist, wie gesagt, ein Lernprozess, der ein Leben andauern kann.

Toleranz in Gesprächen

Folgende Tipps helfen dir, deinem Gesprächspartner gegenüber Toleranz zu zeigen:

Tipp 1
Standpunkte verstehen. Seinen Gesprächspartner für seine Einstellungen oder Verhaltensweisen zu be- oder verurteilen ist ein elementarer Fehler, wenn es um Toleranz geht. Beurteilungen sind nicht hilfreich, insbesondere, wenn du dich selbst noch nicht mit dem betreffenden Thema, der Situation oder dem Standpunkt auseinandergesetzt hast. Gefährliches Halbwissen gibt niemandem das Recht, den anderen wegen seiner Meinung schlecht zu machen. Um einen konstruktiven Beitrag zum Gespräch zu leisten, nimm dir Zeit, dich mit dem Thema zu beschäftigen, um den Standpunkt deines Gegenübers zu verstehen. So kann ein Dialog ohne anklagenden Ton entstehen.

Tipp 2
Meinungen anhören. Stell dir vor, im Gespräch äußert dein Gegenüber eine Meinung, die so gar nicht mit deiner übereinstimmt. Du unterbrichst ihn sofort, um deine Ansichten klarzumachen. Toleranz besteht aber darin, den anderen anzuhören. Gib ihm also die Möglichkeit, seine Meinung mit Argumenten zu belegen und zu erklären. Eventuell überzeugt er sogar dich vom Gegenteil, zumindest lernst du etwas dazu. Toleranz bedeutet, andere Meinungen zuzulassen.

Tipp 3
Differenzen akzeptieren. Differenzen, die zwischen dir und einer anderen Person existieren, deutlich zu betonen, ist wenig sinnvoll. Es ist im Einzelfall schlauer, sie zu akzeptieren, wenn es gar nicht anders geht. Jeder von uns ist anders und wenn du weißt, dass du dich mit deinem Gesprächspartner bei einem Thema nicht einigen kannst, dann vermeide es am besten, hier tief einzusteigen.

Wie tolerant bist du?

Ich würde mal behaupten, dass wir alle von uns denken, dass wir tolerant sind. Kinderlärm – kein Problem. Doch wie sieht es aus, wenn der kleine Kinderhort nebenan in eine Ganztageskita umgewandelt wird? Sind wir immer noch tolerant, wenn es von morgens bis abends laut ist?

Mit folgenden Fragen kommst du deiner eigenen Toleranz auf die Spur:

Situation 1
Beim Durchschauen eines Social-Media-Feeds sticht dir eine Werbung ins Auge, auf der ein ganz und gar nicht perfektes Model Werbung für knappe Kleidung macht. Dein Freund präsentiert sich in einer für dich absolut hässlichen gelben Jacke und deine Familie postet ein peinliches Bild aus dem Urlaub. Bist du demgegenüber aufgeschlossen oder findest du es unangebracht?

Situation 2
Du bist mit einem Freund im Auto unterwegs, der das Tempolimit mehr als ausreizt. Darauf angesprochen, lacht er und tut es ab. Wie stehst du dazu?

Situation 3
Dein Nachbar ist ein echter Handwerker und von morgens bis abends aktiv. Du bewunderst sein Haus und er hat dir auch schon bei kleineren Reparaturen geholfen. Doch wie ist es, wenn er am Sonntagmorgen die Kreissäge anschmeißt?

Situation 4
Deine beste Freundin ist seit längerem mit jemandem zusammen, der einen anderen kulturellen Hintergrund hat. Du kommst sehr gut mit ihm klar und bist jetzt auf eine Familienfeier eingeladen. Du merkst, dass sich hier alle etwas anders verhalten, als du es gewohnt bist, und du nicht unbedingt alles für richtig hältst. Bleibst du offen und versuchst, die Kultur dennoch zu verstehen?

Situation 5
Ein Arbeitskollege meldet sich ständig krank – die Arbeit bleibt an dir hängen und du bist wirklich sauer. Hat er vielleicht ernsthafte gesundheitliche Probleme oder macht er tatsächlich blau? Wie tolerant bist du ihm gegenüber, wenn er dir seine Situation erklärt?

Es geht darum, dass wir uns immer wieder selbst reflektieren und uns die Frage stellen: »Bin ich tolerant?« Wenn wir alle an unserer Einstellung arbeiten, gelingt es uns, nicht nur unser eigenes, sondern auch das Leben anderer besser zu machen.

KAPITEL 6
BEZIEHUNGEN

Der Tatort – ein blutiger Selbstmord

Wir wurden gerufen, weil ein Mensch beschlossen hatte, sein Leben zu beenden. Was muss passieren, damit jemand nicht mehr leben will? Diese Frage stellte ich mir, als ich mich in den Wagen setzte, um zu diesem Tatort zu fahren.

Mein Weg führte mich durch eine ländliche Gegend. Hier wurde noch richtig Landwirtschaft betrieben – Wiesen, Felder und Äcker, soweit das Auge reicht. Mit einer solchen Landschaft würde man in erster Linie Erholung, Frieden und Ruhe in Verbindung bringen. Ein Ort, an dem die Welt noch in Ordnung ist und an dem sich Fuchs und Hase gute Nacht sagen. Hier rechnete ich ganz bestimmt nicht mit dem Tatort, der mich erwartete. Viele Informationen hatte ich vorab nicht erhalten, nur, dass es sich um einen Selbstmord handelte.

Ich bog die Einfahrt zu einem idyllischen Mehrfamilienhaus ein. Hier lebte wohl die ganze Familie. Unter dem Dach befand sich die Wohnung des Opfers Nico und seiner Frau Christine. Auf den ersten Blick war alles recht unscheinbar. Christine ließ mich in die Wohnung, blieb aber vor der Tür stehen. Sie konnte die Wohnung selbst nicht betreten. Es sei zu schrecklich gewesen, was hier passiert war, sagte sie mir.

Also betrat ich alleine die Dreizimmerwohnung, während auch die Angehörigen draußen warteten. Wie immer verschaffte ich mir erst einmal einen Überblick. Die Zimmer waren modern eingerichtet und sehr ordentlich und sauber. Es war nicht, wie in vielen anderen Wohnungen, die ich gesehen hatte, verwahrlost oder gar verdreckt, sondern einfach ganz normal. Der spezielle Musikgeschmack der beiden schlug sich in der Einrichtung nieder, was mir sofort ins Auge gefallen war. Nico und Christine hatten eine Vorliebe für Heavy Metal. Es hingen Poster von bekannten Bands und

Fantasy-Bilder an den Wänden; Konzert- und Festivaltickets, prangten an einer Pinnwand. Besonders außergewöhnlich war das Bettgestell, dass ich bei meinem ersten Rundgang im Schlafzimmer vorfand. Es war aus Metall und handgeschmiedet – ich war von dem Unikat beeindruckt.

Nach dem Selbstmord sah die Wohnung allerdings nicht mehr annährend so aus, wie sie es sollte: Blut befand sich auf dem Boden, Blut an den Türrahmen, Blut auf dem Balkon, Blut im Bett. Das deutete darauf hin, dass das Opfer sich noch in der ganzen Wohnung bewegt haben musste und nicht etwa still in einer Ecke, zum Beispiel im Badezimmer, verblutet war.

Nico und die Familie

Während der Reinigung sprach ich mit Nicos Eltern, seinen Nachbarn und Christine. Von ihnen habe ich erfahren, wie sein Leben gewesen ist. Die Nachbarn erzählten, er sei wohlbehütet aufgewachsen und relativ unauffällig gewesen. Sie hätten niemals gedacht, dass er zu solch einer Tat fähig sei. Ab und zu habe er zwar sehr laut Musik gehört, aber daran hatten sie sich über die Jahre gewöhnt. Sie kamen dann einfach rüber und klingelten, und danach sei dann auch wieder Ruhe gewesen. Nico hatte eigentlich zu allen Nachbarn eine gute, wenn auch eher oberflächliche Beziehung.

In der Unterhaltung mit Christine habe ich erfahren, dass die beiden schon insgesamt achtzehn Jahre zusammen gewesen sind. Die beiden waren jetzt Mitte dreißig, sprich, sie haben sich jung kennengelernt und blieben dann zusammen. Beide arbeiteten im Schichtdienst – Nico in einem Industriekonzern, Christine als Krankenschwester. Wahrscheinlich fragen sich alle Paare in einem gewissen Alter, ob sie Kinder wollen. So war es auch hier. Nico wollte Kinder, sie nicht, was natürlich zu Konflikten führte. Christine hatte Angst vor dem, was mit einer Geburt und einem Kind verbunden ist. Zu einer wirklichen Lösung seien die beiden nicht gekommen, deshalb hatten sie dieses Thema erst einmal auf Eis gelegt. Christine berichtete, dass Nico beruflich unter extremen Druck stand. Sie bemerkte, dass er aufgrund dieser Umstände ein bisschen ruhiger geworden war.

Nicos Eltern waren natürlich geschockt, denn es gibt wohl kaum etwas Schlimmeres, als das eigene Kind durch solch einen tragischen Vorfall zu verlieren. Selbstverständlich machten sie sich Vorwürfe, warum sie nicht gemerkt hatten, was in ihrem Sohn wirklich vorgegangen ist. Aber auch sie sahen Nico als eher ruhigen und umgänglichen Menschen.

Doch wie seine unglaubliche Tat zeigt, muss er von tiefer Verzweiflung zerfressen gewesen sein – sie hat ihn zum Äußersten getrieben.

Die Tat

Der Selbstmord ereignete sich, als Christine im Krankenhaus arbeitete. Vermutlich schrieb Nico zuvor auch seinen Abschiedsbrief. In der Regel ist es bei vielen Selbstmorden so, dass das Leben schon lange nicht mehr so läuft, wie man es sich wünscht. Die zunehmende Verzweiflung, Hilflosigkeit und Einsamkeit stacheln den Gedanken, sich selbst zu töten, an. Wahrscheinlich war das auch hier der Fall gewesen: Nico kämpfte mit einem unerfüllten Kinderwunsch, Druck und Mobbing auf der Arbeit. Mit der Zeit verlor er die Beziehung zu sich selbst, zu seiner Frau und seinen Mitmenschen. Das trieb ihn mehr und mehr zu dem Gedanken, sein Leben zu beenden.

An einem scheinbar ganz normalen Tag hatte er dann beschlossen, seine Gedanken in die Tat umzusetzen. In der Wohnung schnitt sich Nico die Pulsadern der Länge nach auf. Es blutete massiv, allerdings blieb er nicht ruhig an einem Ort, sondern lief durch die ganze Wohnung und verteilte so überall sein Blut. Beim Öffnen der Pulsadern spritzt das Blut nicht heraus, sondern strömt hinab, als würde man einen Wasserhahn aufdrehen.

Leider habe ich einmal miterleben müssen, wie sich jemand die Pulsadern aufschneidet. Nachdem ich einen Tatort abschließend gereinigt hatte, hat sich die Hinterbliebene ebenfalls die Pulsadern der Länge nach aufgeschnitten. Daher weiß ich, wie groß der Blutverlust in einem solchen Fall ist.

Bei Nico war das Öffnen der beiden Pulsadern aber noch nicht das Finale – noch lange nicht. Er lief schwer blutend durch die ganze Wohnung. Deutlich zu erkennen war, dass er sich auf die Couch setzte und dort noch eine Zigarette rauchte. Das Päckchen war voller blutiger Abdrücke, ebenso wie der Stummel und das Feuerzeug, auch der Aschenbecher war mit Blut bedeckt. Auf der Glasplatte des Couchtisches hatte sich sogar ein kleiner See gebildet. Ich dachte mir nur: Wie kann man sich die Pulsadern aufschneiden und danach noch genüsslich im Wohnzimmer eine rauchen ... Wie muss man dafür drauf sein?

Auch in der Küche machte Nico halt und es sah fast so aus, als hätte er sich noch etwas zu Essen gemacht. Die Schubladen und der Kühlschrank standen offen und waren über und über mit Blut beschmutzt.

Für mich war es offensichtlich, dass der Mann ein schweres psychisches Problem hatte. Niemand schien das jedoch vorher bemerkt zu haben. Deshalb war nicht nur die Tatsache, dass Nico sich das Leben nahm, sondern auch die Art und

Weise, wie er es tat, für alle extrem schockierend. Denn es blieb nicht dabei, dass er sich »nur« die Pulsadern aufschnitt, sondern er hat scheinbar bewusst die komplette Wohnung in Blut getaucht. Vielleicht hat er absichtlich überall sein Blut verteilt, um solche grauenvolle Bilder zu hinterlassen. Auch die Poster und Fantasy-Bilder blieben nicht verschont.

Nicos Weg führte auch ins Schlafzimmer. Das Bett war blutdurchtränkt. Einige Tage nach dem Selbstmord war eine Stelle auf dem Laken noch nicht einmal ganz getrocknet. Hier hatte er seinen nächsten Schritt wohl schon geplant, denn es lag eine elektrische Stichsäge neben dem Bett. An dieser hingen noch Gewebereste und jede Menge Blut. Ich rekonstruiere es so, dass er seine linke Hand auf dem Nachttisch neben dem Bett platzierte und sie dann mit der Säge abtrennte. Zuvor hatte er sich, warum auch immer, den Arm abgebunden – wohl in der Hoffnung, nicht noch mehr Blut zu verlieren.

An der Fensterseite des Doppelbettes war deutlich zu sehen, wohin das Blut während des Sägens gespritzt hatte. Mir schoss die Aussage eines Arztes durch den Kopf, der einen Arbeitsunfall, bei dem sich jemand die Hand abgerissen hatte, behandelte. Es sei kein großer Kraftakt, die Hand am Gelenk abzutrennen, da hier keine massiven Knochen oder Sehnen vorhanden seien. Man muss sich das wirklich einmal vorstellen: Nico nahm eine elektrische Stichsäge und trennte damit seine Hand ab. Hinter einer solchen Handlung muss die größte Verzweiflung stecken.

Zur Tatzeit stand Nico wohl unter Alkohol- und Tabletteneinfluss. Aber sich selbst so zu verstümmeln ist ein Extremfall. In einer solchen Form hatte ich einen Selbstmord noch nicht erlebt. Dass sich ein Mensch umbringt oder verstümmelt, ist mir schon begegnet, aber nicht in dieser Kombination.

Meiner Erfahrung nach müsste jemand, der einen so hohen Blutverlust und wahrscheinlich unerträgliche Schmerzen hatte, normalerweise das Bewusstsein verlieren. Doch der Alkohol und die Tabletten scheinen ihn so betäubt zu haben, dass er nichts mehr wahrnehmen konnte. Was danach passiert ist, ist einfach nur unfassbar: Nico warf seine eigene Hand aus dem Fenster. Der Bestatter fand sie später im Garten. Wie viel muss ein Mensch durchmachen, damit er seine eigenen Gliedmaßen abtrennt und aus dem Fenster wirft? Ich glaube, wenn er es gekonnt hätte, hätte Nico sich den Kopf abgeschnitten und rausgeschmissen.

Als wäre das noch nicht genug gewesen, folgte Nico kurz darauf seiner Hand, indem er aus dem dritten Stockwerk vom Balkon sprang. Das geschah zu genau der Zeit, zu der seine Eltern normalerweise auf der Terrasse frühstückten. An diesem Tag waren sie jedoch spät dran, da sie durch einen Anruf aufgehalten wurden. Bei seinem Sturz ist er, zumindest sah es unten so aus, mit dem Kopf aufgeschlagen. Dieser platzt in einem solchen Fall zwar nicht auf, aber überall verteilte sich das Blut, bis in die Fugen der Terrassenplatten. Das Erschreckende an diesem Selbstmord war die Entschlossenheit, mit der Nico ans Werk gegangen war. Er wollte nicht einfach aus dem Leben scheiden, sondern richtig schocken – was ihm auch gelungen war.

Bemerkt haben die schreckliche Vorfälle zunächst die Nachbarn, die sofort bei den Eltern in der unteren Wohnung Sturm klingelten. Sie hatten gar nichts mitbekommen, weil oben vermutlich wieder sehr laut Musik lief. Sie ahnten nicht, was in der Wohnung ihres Sohnes geschehen war.

Der Abschiedsbrief

Im Zuge meiner Reinigung fand ich Nicos Abschiedsbrief. Er war blutverschmiert, was darauf hindeutete, dass er seine letzten Zeilen verfasste, als er sich schon die Pulsadern aufgeschnitten hatte. Natürlich war das Papier nicht mehr zu reinigen. In dem Brief rechnete Nico mit allem ab, was ihn im Leben gestört hatte.

Nico hatte sich entschieden, mit Pauken und Trompeten aus dem Leben zu scheiden.

Weder Christine noch seine Eltern haben von alldem etwas mitbekommen. Natürlich hat das Paar über den Kinderwunsch diskutiert, aber das würde im Normallfall kaum einen Selbstmord rechtfertigen. Tragischerweise hatte sich Christine umentschieden und wollte Kinder, hatte Nico jedoch noch nichts von ihrem Beschluss erzählt. Hätten die beiden vielleicht mehr miteinander gesprochen, einander zugehört und sich gegenseitig mehr Aufmerksamkeit gezeigt, hätte die Tat möglicherweise verhindert werden können.

Tragisches Ende

Die Familie entschloss sich, das Haus zu verkaufen. Niemand wollte täglich an Nicos schreckliche Tat erinnert werden. Ungefähr ein Dreivierteljahr nach dem Selbstmord bekamen wir den Auftrag, das Haus aufzubereiten und eine Grundreinigung durchzuführen.

Leider habe ich in meiner beruflichen Laufbahn schon viele Folgen von Suiziden oder Suizidversuchen gesehen. Nico war ein echter Extremfall. Aber egal, wie ein Mensch aus dem Leben tritt, ist es für seine Angehörigen und Freunde ein schlimmer Schicksalsschlag.

Hast du selbst mit Selbstmordgedanken zu kämpfen, dann such dir unbedingt Hilfe und sprich über deine Gedanken und Gefühle. Hilfe findest du zum Beispiel bei der Telefonseelsorge, die 24 Stunden unter der Telefonnummer 0800 1110111 erreichbar ist.

Beziehungen sind lebensnotwendig

Beziehungen sind lebensnotwendig, davon bin ich zutiefst überzeugt. Menschen brauchen Gemeinschaft und die Resonanz anderer. Sie brauchen das Gefühl dazuzugehören, Vertrauen und Nähe. Wir brauchen eine Beziehung zu unseren Eltern. Ihre Liebe und Fürsorge macht uns stark für ein selbständiges Leben. Eine vertrauensvolle und respektvolle Partnerschaft schenkt uns Kraft. Freunde, Kollegen, Bekanntschaften, Lehrer, die Verkäuferin beim Bäcker – soziale Kontakte jeglicher Art sind für den Menschen essenziell.

Um ein glückliches und erfülltes Leben zu führen, sind drei Arten von Beziehungen wichtig:

- die Beziehung zu sich selbst,
- die Beziehung zu anderen,
- die Beziehung zu einem Gott, einem Glauben oder Spiritualität.

Der Schlüssel jedoch, um gute Beziehungen führen zu können, ist die Liebe zu uns selbst. Nur wer sich selbst liebt, kann auch andere lieben – da bin ich mir vollkommen sicher.

Die Beziehung zu sich selbst

Die Beziehung zu dir selbst ist wesentlich dafür, wie du dich anderen Menschen gegenüber verhältst. Deine Haltung dir selbst gegenüber gibt den Rahmen für die Beziehungen zu anderen vor. Gehen wir mal ein paar Kapitel zurück: Wenn du Angst hast, spiegelt sich das in deinen Beziehungen wider. Wenn du jemand bist, der immer unglücklich ist, wirst du keine glücklichen Beziehungen führen können. Wenn du nicht aktiv wirst, wirst du keine Beziehungen aufbauen und pflegen können. Wenn du dir selbst gegenüber nicht tolerant sein kannst, wirst du dich auch bei anderen Menschen schwertun, mit ihnen Nachsicht zu üben.

Selbstliebe ist das Fundament eines selbstbestimmten und freien Lebens, die wichtigste Voraussetzung für ein glückliches und erfüllendes Leben. Sie macht uns immun gegen das Bedürfnis der Anerkennung durch andere. Sie lässt uns von innen heraus strahlen und macht es anderen Menschen einfacher, uns zu vertrauen.

Ich möchte auf einen wesentlichen Punkt hinaus, auf den ich noch ausführlicher eingehen werde: die Kommunikation mit dir selbst. Hör dir zu. Immer. Zu jeder Sekunde solltest du dir deiner Bedürfnisse bewusst sein und sie respektieren. Ich nenne das »Selbstgefühl« und mir persönlich helfen Meditation und Kampfsport, um bei mir zu bleiben. Mit diesen Methoden lernt man, ein Gefühl für den Körper zu entwickeln. Viele haben dieses Gefühl im Laufe der Jahre verlernt. Warum das so wichtig ist? Körper und Geist gehören zusammen und leben in Einklang miteinander, bis der Geist geht und der Körper als Biomasse übrigbleibt.

Die Beziehung zu anderen

Die Qualität und Intensität der Beziehungen zu anderen Menschen ist immer unterschiedlich. Eltern-Kind-Beziehungen sind die längsten in unserem Leben. Unsere Eltern geben uns Schutz und Liebe, sie vermitteln Werte und Haltungen, sie lehren uns alles, was wir im späteren Leben brauchen. »Zwei Dinge sollen Kinder von ihren Eltern bekommen: Wurzeln und Flügel«, lautet ein Zitat von Johann Wolfgang von Goethe. Es fasst meiner Meinung nach das Wesen einer Eltern-Kind-Beziehung sehr treffend zusammen.

Aber so wie auch die Beziehung zu sich selbst kein Selbstläufer ist, müssen auch die Beziehungen zu anderen gepflegt werden.

Die Beziehung zu einem Gott, einem Glauben oder Spiritualität

Viele Menschen beziehen ihre Kraft aus ihrem Glauben. Mag es an Gott, Buddha, Brahma, Shiva oder Allah sein, mag es der Glaube an ein Leben nach dem Tod, die Wiedergeburt oder ewige Erleuchtung sein, mag es die Philosophie der östlichen Kampfsportarten oder der europäischen Aufklärung sein – der Glaube an etwas gibt Menschen Halt und Orientierung.

Glaube ist etwas Hochindividuelles. Daher möchte ich an dieser Stelle keine Tipps oder Belehrungen geben, in welche Richtung es zu gehen hat – außer, dass er *immer* für mehr Frieden auf der Welt sorgen möge.

Bedingungen für Beziehungen

Beziehungen jeglicher Art haben einen gemeinsamen Nenner, bezüglich was sie brauchen, um gesund, positiv und bereichernd zu sein. Auf zwei Punkte, die mir besonders am Herzen liegen, möchte ich hier genauer eingehen:

Das Größte und Wertvollste, was wir haben, ist unsere Lebenszeit. *Zeit* ist auch das allergrößte Geschenk, das wir uns oder anderen Menschen machen können. Warum sollten wir dieses kostbare Gut in Dinge investieren, die gar nicht wichtig sind? Wir sollten unsere Zeit mit unseren Lieben verbringen. Um Beziehungen glücklich und bereichernd führen zu können, sollten wir mit unserer Zeit sorgsamer umgehen und sie mit etwas Sinnvollem verbringen.

Manche Menschen nehmen viel zu vieles als selbstverständlich an. *Dankbarkeit* und Demut sind für Beziehungen elementar. Nichts ist selbstverständlich – weder deine Familie noch deine Gesundheit, Freunde, dein Zuhause, Essen und Trinken oder in einem Land ohne Krieg leben zu können ... dies alles ist nicht selbstverständlich. Auch das Leben an sich nicht. Dankbarkeit diesen vielen besonderen Geschenken des Lebens gegenüber zu zeigen, hat viele weitere Vorteile: Es macht glücklich, senkt Stress, hilft gegen Depressionen und verbessert Beziehungen (siehe Unterkapitel »Glück«).

Aktives Zuhören

Sich selbst, seinem Gegenüber oder seinem Glauben aktiv zuzuhören – also die ungeteilte Aufmerksamkeit zu schenken – ist von größter Wichtigkeit einer gesunden Beziehung. Aktives Zuhören ist weit mehr, als nur zu hören. Es zeichnet sich durch Aufmerksamkeit, Offenheit, Empathie, Interesse und Authentizität aus.

Wer jemandem wirklich zuhören möchte, muss aufmerksam und konzentriert sein und die Worte des Gegenübers offen aufnehmen. Wer sich darüber hinaus empathisch in die Situation seines Gesprächspartners hineinversetzt, Interesse am Gesagten bekundet und nichts vorspielt, hört wirklich aktiv zu.

Vertrauen

Jede Beziehung basiert auf Vertrauen: Selbstvertrauen, Vertrauen in den Partner, die Freunde oder Kollegen, Vertrauen in eine übergeordnete Instanz. Ohne Vertrauen kann eine Beziehung nicht funktionieren.

Warum Beziehungen scheitern oder unglücklich machen können

Immer dann, wenn wir gerufen werden, ist etwas passiert und zwar weit über das normale Geschehen hinaus. Beziehungskrisen sehe ich in Formvollendung. Häusliche Gewalt ist eine der schlimmen Begleiterscheinungen von toxischen oder nicht mehr funktionierenden Beziehungen.

Abhängigkeit

Machtspiele haben in einer gesunden Beziehung nichts zu suchen. Leider werden zu jeder Zeit überall auf der Welt Menschen durch andere unterdrückt, physisch oder psychisch misshandelt und ausgebeutet. Unter solchen Bedingungen kann keine gesunde Beziehung entstehen, kann kein Mensch zu Glück finden. Ich wünsche jedem Menschen, der sich in einer Abhängigkeit oder einer missbräuchlichen Beziehung befindet, die Kraft, die es braucht, um sich davon zu befreien.

Erwartungen

Erwartungen haben einen destruktiven Charakter. Erwartungen sind die eigenen Wünsche, die ein anderer zu erfüllen hat. Nur dann, wenn das Gegenüber

- so handelt, wie wir das erwarten,
- uns behandelt, wie wir es erwarten,
- uns die Anerkennung zukommen lässt, die wir erwarten,

- unsere Gedanken lesen kann,
- uns in dem Maße glücklich macht, wie wir es erwarten,

können wir glücklich sein. Ganz falsch! Erwartungen können nur enttäuscht werden. Eine Beziehung kann nur funktionieren, wenn diese frei von Erwartungen an den anderen ist. Auch hier gilt, dass Kommunikation das A und O ist. Erwartet jemand etwas von uns oder andersrum, hilft es, darüber zu sprechen, um Missverständnisse zu vermeiden.

Nicht zuhören

Viele Beziehungen scheitern daran, dass die Partner aufhören, sich gegenseitig offen und aufmerksam zuzuhören. Aktives Zuhören ist eine wichtige Voraussetzung für eine gesunde Beziehung auf Augenhöhe.

Sechstes Prinzip: Beziehungen sind das, was bleibt

Ein Leben ohne Beziehungen zu anderen Menschen, zu uns selbst und zu einem größeren Ganzen ist nicht lebenswert. Spielen dann noch weitere Faktoren wie dauerhafter Stress hinein, kommt schnell der Gedanke, es sei doch besser, alles zu beenden. Sobald du solche Gedanken verspürst, solltest du dir dringend Hilfe suchen, nichts auf der Welt ist es wert, dass du dafür dein Leben aufgibst. Besonders schlimm ist es, wenn der eigene Partner einem das Leben schwer macht.

Toxische Beziehungen

In jeder Partnerschaft gibt es, gerade wenn man schon lange zusammen ist, Negativphasen. Streit, Schweigen oder Konflikte gehören dazu. Wird das zu einem Dauerzustand, kostet die Beziehung einen mehr Kraft als sie gibt und wirkt wie Gift auf Körper und Seele.

Wenn ein Partner den anderen unterdrückt und ihn kontrolliert, kann dies in emotionaler Erpressung enden. Dann wird zum Beispiel eine gewisse Leistung gefordert, um vom Partner Zuneigung zu erhalten. Schnell führt das dazu, dass es (vermeintliche) Liebe nur für eine Gegenleistung gibt. Toxische Partner manipulieren, spielen ihre Macht aus und im schlimmsten Fall kommt es sogar zu körperlicher Gewalt.

Die Verliebtheit zu Beginn der Beziehung wandelt sich schnell in Rücksichtslosigkeit und Egoismus, wenn sich stets alles um den einen Partner und seine Bedürfnisse dreht.

Folgende Anzeichen weisen auf eine toxische Beziehung hin:

Anzeichen 1

Du investierst viel Liebe, Zeit und Energie in die Beziehung. Du bist aufmerksam und achtest darauf, was dein Partner möchte. Im Gegenzug bekommst du aber nichts zurück. Deinem Partner sind andere Dinge wichtiger. Wenn du dich nicht gut fühlst, ist es ihm zum Beispiel wichtiger, seine Freunde zu treffen. Oft ist er nicht für dich erreichbar, wenn es dir schlecht geht.

Anzeichen 2

Du merkst, dass du dich für deinen Partner verbiegst. Du stellst deine Bedürfnisse zurück und tust alles für ihn, aber du kannst es ihm einfach nicht recht machen. Egal, was du tust, du wirst dafür kritisiert. Du hast das Gefühl, dass du nie gut genug für deinen Partner sein wirst.

Anzeichen 3

Dein Partner versucht, dich zunehmend von deinen Freunden oder deiner Familie zu isolieren, indem er sie schlecht macht. Das verpackt er geschickt, er behauptet, du hättest solche Freunde doch gar nicht nötig, denn schließlich hast du ja ihn. Oder er beklagt, dass du zu viel für deine Familie tust, sie aber nichts für dich.

Anzeichen 4

Sprechen dich andere auf deine Beziehung an, weil sie sehen, dass etwas im Ungleichgewicht ist oder mitbekommen haben, wie schlecht dich dein Partner behandelt, dann verteidigst du ihn.

Anzeichen 5

Dein Partner kennt deine Schwächen und nutzt diese aus, um dich vor anderen schlecht zu machen. Oftmals verpackt er dies in einen Witz und macht sich über dich lustig. Er verletzt dich bewusst verbal oder sogar körperlich, um dich zu erniedrigen.

Anzeichen 6

Dein Partner hat grundsätzlich immer recht. Er versucht nicht einmal, deine Situation zu verstehen oder deine Gründe nachzuvollziehen. Seine ist die einzige Meinung, die zählt.

Anzeichen 7

Du weißt nie, woran du bei deinem Partner bist. Oftmals legt er starke Gefühlsschwankungen an den Tag. In einem Moment ist er liebevoll zu dir und von einer Sekunde auf die andere kippt die Stimmung und er macht dir Vorwürfe.

Toxische Beziehungen verursachen nicht nur seelischen Schmerz, sondern können sich auch in körperlichen Symptomen äußern: Magen und Verdauungsprobleme, dauerhafte Müdigkeit und Abgeschlagenheit, Anfälligkeit für Infekte, Verspannungen und chronische Schmerzen. Durch die ständige Ausschüttung von Stresshormonen wie Cortisol und Adrenalin befindet sich der Körper in ständiger Alarmbereitschaft.

Wie zu jeder Beziehung gehören auch zu einer toxischen immer zwei Personen. Ein Mensch mit narzisstischer Neigung sucht sich einen schwächeren Partner, der sich ihm unterordnet. Stellst du fest, dass deine Beziehung vergiftet ist, solltest du auch deine Einstellung hinterfragen. Der Weg aus einer toxischen Beziehung ist mitunter sehr schwer, denn dein Partner weiß genau, wie er dich manipulieren kann und dazu bringt, bei ihm zu bleiben. Der Gedanke, dass der eigene Partner einem nicht guttut und man ihn besser verlassen sollte, kann Angst auslösen.

Folgende Tipps können den Weg aus einer toxischen Beziehung erleichtern:

Tipp 1
Vertraue dich jemandem an. So schwer es dir auch fallen mag, dich jemandem zu öffnen, so ist es doch ein erster Schritt, mit einer Vertrauensperson über deine Beziehung zu sprechen. Das muss nicht zwangsläufig jemand aus deinem Freundeskreis oder deiner Familie sein, du kannst dich zum Beispiel auch an einen Therapeuten wenden.

Tipp 2
Hör auf, dich selbst zu belügen und dir zu sagen, dass du in einer glücklichen Beziehung bist. Frage dich einmal ehrlich, wie lange du noch bereit bist zu leiden. Wie soll dein Leben mit diesem Partner in drei, fünf oder zehn Jahren aussehen? Welches Leben möchtest du dann führen? Wie sähe dein Leben nach einer Trennung aus? Mache dir darüber hinaus bewusst, dass dir ein narzisstischer Partner alles versprechen wird, damit du bleibst. Aber jemand, der selbst nicht an sich arbeitet und Worten keine Taten folgen lässt, wird sich nie ändern.

Tipp 3
Trenne dich auf neutralem Boden und brich sofort den Kontakt ab. Es ist sinnvoll, die Trennung an einem öffent-

lichen Ort zu vollziehen. Sollte dein Partner zu Gewalt neigen, so wird er dich nicht vor Zeugen angreifen. Außerdem fällt es dir leichter, standhaft zu bleiben und nicht erneut auf leere Versprechungen hereinzufallen. Es ist wichtig, sofort den Kontakt abzubrechen, denn dein Partner wird weiter versuchen, dich zum Bleiben zu überreden. Konsequenz ist jetzt wichtig: Blockiere und lösche die Person auf allen Social-Media-Plattformen. Nimm keine Anfragen entgegen von Menschen, die du nicht kennst, denn es könnten Fake-Profile sein, die dein Ex-Partner anlegt. Biete keine Angriffsfläche für digitale Erpressung oder Verleumdung. Solltet ihr gemeinsame Kinder haben oder zusammenwohnen, dann sorge dafür, dass die Kommunikation sich nur auf das Notwendigste beschränkt.

Tipp 4
Suche dir Hilfe. Eine Trennung an sich ist schon schwer genug – eine von einem toxischen Partner ist noch viel schwerer. Hilfe bei einer Trennung bieten Therapeuten oder Psychologen. Er wird dir auch helfen, dein Selbstwertgefühl wieder aufzubauen und das toxische Umfeld ganz hinter dir zu lassen.

Einsamkeit

So sehr wir durch die Digitalisierung auch vernetzt sind – dennoch fühlen sich viele Menschen einsam. Gerade die Corona-Pandemie hat uns gezeigt, wie wichtig der Kontakt zu anderen ist und wie schnell wir uns einsam fühlen, wenn wir isoliert leben. Social Distancing, Homeoffice, Quarantäne, Kontaktbeschränkungen – plötzlich waren wir häufiger und länger allein als zuvor. Und auch wenn wir diese Pandemie überstanden haben sollten, bleiben die Nachwirkungen der Einsamkeit.

Einsamkeit ist kein Thema, das man auf die leichte Schulter nehmen sollte. In Großbritannien wurde 2018 der Posten »Minister for Loneliness« also Minister für Einsamkeit geschaffen. Als erste bekleidete Tracey Crouch dieses Amt. Das mag manche zum Lachen bringen, denn was hat Einsamkeit schon mit Politik zu tun? Es gibt jedoch eine Vielzahl an Studien, die die schwerwiegenden Folgen von Einsamkeit aufzeigen. Einsamkeit hat einen großen Einfluss auf unsere Gesundheit und unser Wohlbefinden – und ist somit durchaus auch ein gesundheitspolitisches Thema.

Doch was bedeutet Einsamkeit? Einsamkeit und alleine sein sind nicht gleichzusetzen. Einsamkeit ist in erster Linie der schmerzliche Mangel an Nähe über einen längeren Zeitraum. Dieses Gefühl kann auch entstehen, wenn wir den ganzen Tag im Kontakt mit anderen Menschen stehen. Einsamkeit ist subjektiv und entsteht in der Regel, wenn das Zusammensein mit anderen nicht verläuft wie erwartet oder erwünscht.

Das Gefühl der Einsamkeit kennt keine Altersgrenze – auch wenn man oft von Alterseinsamkeit spricht, so sind auch junge Menschen, Teenager und Kinder betroffen. Neben der seelischen Belastung durch Einsamkeit wirkt sie sich auch auf den Körper aus. Symptome bestehen aus Müdigkeit, Nervosität und Reizbarkeit, Gefühl der Leere, Depression, Schlafstörungen und Suizidgedanken.

Außerdem kreisen die Gedanken ständig um Fragen wie »Warum sind die anderen glücklich und ich nicht?«. Zudem bestimmen oftmals Minderwertigkeitskomplexe das Denken. Einsame Menschen fragen sich, wer schon in ihrer Gesellschaft sein möchte. Sie fürchten, nur aus Höflichkeit und nicht aus echtem Interesse eingeladen zu werden und so weiter.

Den Weg aus der Einsamkeit zu finden, ist nicht immer einfach, doch ist es wichtig zu versuchen, die Lebensqualität wiederzugewinnen.

Folgende Tipps können dir helfen, deine Einsamkeit zu überwinden:

Tipp 1

Gleichgesinnte treffen. Es gibt viele Gruppen und Aktivitäten, an denen du teilnehmen kannst, um andere zu treffen, denen es ähnlich geht. Ob zum gemeinsamen (auch virtuellen) kochen oder zum Erfahrungsaustausch. Blogs und Artikel von anderen, die mit Einsamkeit zu kämpfen haben, können ebenso eine Hilfe sein.

Tipp 2

Nutze die Vorteile von sozialen Netzwerken. So kannst du mit deinen Liebsten in Kontakt bleiben, auch wenn sie nicht am gleichen Ort wohnen. Über Interessen und Hobbys kannst du hier auch neue Menschen kennenlernen. Aber Vorsicht: Verbringe nicht den ganzen Tag online, sondern achte auch darauf, in der analogen Welt etwas zu unternehmen.

Tipp 3

Mediation oder Spiritualität können dir dabei helfen, mit einer schwierigen Situation umzugehen. Gerade, wenn du dich durch einen Schicksalsschlag einsam fühlst, kannst du hier Halt finden.

Tipp 4

Engagiere dich ehrenamtlich. Das ist eine gute Möglichkeit, um mit anderen in Kontakt zu kommen, die auch etwas Gutes tun wollen. Außerdem bekommst du das Gefühl, wirklich gebraucht zu werden.

Tipp 5

Sei für andere da. Versuche, deinem Umfeld zu helfen. Vielleicht kannst du die Einkäufe für einen älteren Nachbarn übernehmen, deine Freundin mit den Kindern unterstützen oder einem Freund zuhören, dem es gerade nicht gut geht. Indem du anderen etwas gibst, profitierst auch du. Anderen zu helfen stärkt das Selbstbewusstsein und du erfährst, dass du für andere Menschen wichtig bist.

Berufliche Beziehungen

Neben den Beziehungen zu unserem engeren Umfeld – unserem Partner, der Familie und Freunden – gibt es weitere Beziehungen in unserem Leben. Am Arbeitsplatz hast du höchstwahrscheinlich täglich Kontakte. Und selbstverständlich haben wir auch eine gewisse Beziehung zu unseren Kollegen und Kunden.

Beziehungen im Berufsleben unterscheiden wenig von privaten Kontakten. Denn auch hier spielt die emotionale Ebene eine Rolle. Wie alle Beziehungen müssen auch berufliche gepflegt werden, damit sie von Bestand sind. Im Grunde wünscht sich jeder Mensch Sicherheit, Respekt, Vertrauen, Verbindlichkeit und Anerkennung. Gerade bei neuen Kontakten oder wenn ein neuer Kollege ins Team kommt, sind diese Aspekte – wenn auch unbewusst – wichtig. Verbindlichkeit ist entscheidend: Versprichst du zum Beispiel einem

Kunden, dich am nächsten Tag telefonisch zu melden, ist es selbstverständlich, sich an die Vereinbarung zu halten. Nur so erhältst du deine Glaubwürdigkeit. Auch bei Geschäftsbeziehungen ist es wichtig, dass du authentisch bleibst. Bist du eher introvertiert, so wäre es komisch, wenn du auf einmal zur Stimmungskanone mutierst und einen Witz nach dem anderen reißt. Menschen durchschauen sehr schnell, wenn sich der andere verstellt, und das kann dazu führen, dass das Vertrauensverhältnis gestört wird.

Wie viel Zeit verbringst du im Schnitt täglich mit deinen Arbeitskollegen? Eine gute Beziehung zu ihnen ist wichtig, damit du dich am Arbeitsplatz wohlfühlst und produktiv sein kannst. Einen Haken hat die Sache jedoch: Während du dir deinen Partner oder deine Freunde, mit denen du Zeit verbringst, selbst aussuchst, ist das bei Kollegen nicht so einfach. Vielleicht wirst du mit dem einen oder der anderen einfach nicht warm, weil ihr abgesehen von euren Aufgaben so gar nichts gemeinsam habt. Oftmals treffen am Arbeitsplatz sehr unterschiedliche Charaktere aufeinander.

Folgende Tipps helfen dir, die Beziehung zu deinen Kollegen zu verbessern – und wer weiß, vielleicht werden sie sogar Freunde?

Tipp 1

Der Zeitfaktor. Unabhängig von deinem Beruf erfordert jede Arbeit ein gewisses Maß an Zeit. Mache dir bewusst, dass auch deine Kollegen Zeit investieren und mitunter davon abhängig sind, dass du dich an Termine und Deadlines hältst. Halte dich möglichst an die Vorgaben, dann werden dich deine Kollegen als verlässlich schätzen. Ihre Zeit zu respektieren und deine eigene zur Verfügung zu stellen, um sie, wenn nötig, zu unterstützen, ist eine hervorragende Möglichkeit, ein gutes Verhältnis aufzubauen und zu pflegen.

Tipp 2

Anerkennung statt Neid. Deine Kollegin ist vor dir befördert worden? Dein Kollege hat das neue Projekt zugeteilt bekommen, das eigentlich du gern wolltest? In der Arbeitswelt ist der persönliche Erfolg für jeden Einzelnen wichtig. Neid, wenn ein Kollege bevorzugt behandelt wird, liegt da nicht fern. Vielleicht geht es sogar soweit, dass man sich wünscht, er würde scheitern. Solche Gedanken sind Gift für die Beziehung unter Kollegen. Versuche umzudenken und zolle deiner Kollegin für ihre Leistung Respekt – und nimm ihre Beförderung zum Beispiel zum Anlass, deine Leistungen zu verbessern.

Tipp 3

Missverständnisse aus der Welt schaffen. Am Arbeitsplatz können leicht Konflikte entstehen, schließlich sitzt man den ganzen Tag aufeinander. Doch bevor du über einen Kollegen schlecht sprichst und dich immer wieder über ihn aufregst, kannst du das Problem auch offen ansprechen. Vielleicht steckt nur ein Missverständnis dahinter, das schnell aus der Welt geschaffen ist. Ist die Situation schwieriger, kann ein neutraler Dritter vermitteln. Ein dauerhafter Konflikt wirkt sich nicht nur negativ auf das Betriebsklima insgesamt aus, sondern belastet auch dich.

Tipp 4

Achtung bei Instagram, Facebook etc. Schnell den neuen Kollegen auf Facebook als Freund hinzugefügt, die Kollegin aus der Buchhaltung als Follower auf Instagram akzeptieren und den Geschäftsführer auf LinkedIn als Kontakt hinzufügen. Es ist nur normal, dass wir uns mit unseren Kollegen auf Social Media verbinden. Doch verhalte dich im Umgang mit ihnen stets professionell und gib nichts von dir preis, was eigentlich nur für Familie und Freunde bestimmt ist. Achte auf deine Privatsphäre-Einstellungen, so ersparst du dir Peinlichkeiten und eventuell unangenehme Gespräche.

Die Beziehung zwischen Mensch und Tier

Selbstverständlich sind es in erster Linie die menschlichen Beziehungen – ob private oder geschäftliche –, die unser Leben prägen, dennoch möchte ich hier auch noch eine weitere Art der Beziehung ansprechen: die zu Tieren und zu Haustieren im Speziellen. Einige Menschen würden wohl jederzeit ihr Haustier anderen Menschen vorziehen und oft spricht eine Familie über ihren Hund als echtes Familienmitglied.

Die Verbindung zwischen Mensch und Tier ist so alt wie die Geschichte selbst. Die alten Kulturen verehrten Tiere als Gottheiten. Reinkarnationslehren zufolge kann der Mensch als Tier wiedergeboren werden und viele Naturvölker glauben, dass Tiere ein Mittler zwischen Menschen und Göttern seien. Wir schätzen Tiere für ihren Mut, ihre Ausdauer, Kraft, Intelligenz und ihre speziellen Fähigkeiten. Wir versuchen, diese zum Beispiel in der Herstellung von Autos, Flugzeugen oder Alltagsprodukten wie Klebstoff zu imitieren. Wildtiere faszinieren uns und unsere Haustiere sind jahrelange, treue Begleiter, die wir nicht missen möchten.

Die Zuneigung zu Tieren entwickelt sich sehr früh unterbewusst. Die emotionale Bindung zu einem Haustier hilft uns, Stress abzubauen, und beschert uns viele schöne Erlebnisse. Und je mehr wir über unser Verhältnis zu unseren Tieren erfahren, desto besser verstehen wir auch, wie zwischenmenschliche Beziehungen funktionieren.

Zahlreiche Forschungsergebnisse belegen, dass sich Tiere positiv auf unser Leben auswirken. Daher werden Tiere auch in einer Vielzahl von Therapien eingesetzt. Das Schwimmen mit Delphinen, das Führen eines Lamas oder der Besuch eines Ponys im Krankenhaus – all das verbessert unseren seelischen Zustand und wirkt sich positiv auf die Gesundheit aus.

Am Ende sind es immer Beziehungen, die unser Leben bereichern – eine liebevolle Partnerschaft, eine langjährige, tiefe Freundschaft, Kollegen, mit denen wir gerne Zeit verbringen, ein tierischer Begleiter. Doch in erster Linie sollten wir die Beziehung zu uns selbst pflegen – schließlich müssen wir das ganze Leben mit uns verbringen und das sollte doch schön sein, oder?

KAPITEL 7
GLÜCK

Der Tatort – eine Partynacht mit katastrophalen Folgen

Walter Kamm, ein Stammkunde mit mehreren Immobilien, betrat mein Büro und bat mich, eine Wohnung zu reinigen. Er schilderte kurz, dass es nach einer wilden Partynacht zu Handgreiflichkeiten zwischen den Mietern im Haus gekommen sei. Jetzt sei die Wohnung und das Treppenhaus mit Blut verschmutzt. Bis hierhin kein außergewöhnlicher Fall, doch dieser Tatort würde mir vieles abverlangen und die Sicht auf mein Leben komplett verändern.

Gemeinsam mit einem Mitarbeiter machte ich mich noch gut gelaunt auf den Weg. Bereits am Parkplatz empfing uns eine ältere Mieterin und begann sogleich aufgebracht, über die Mieter der betreffenden Wohnung zu berichten. Immer wieder würden sie durch exzessive Partys, Lärm und Drogenkonsum negativ auffallen. Wir hörten der Dame kurz zu und machten uns keine weiteren Gedanken darüber, schließlich waren solche Aufträge für uns nichts Ungewöhnliches. Wir bereiteten uns und das Equipment vor, genossen noch kurz die Sonnenstrahlen und gingen dann ins Haus.

Bereits im Eingangsbereich bemerkten wir erste Blutspuren, die nichts Gutes verhießen und uns ahnen ließen, was uns in der Wohnung erwartete. An der Tür angekommen sahen wir, dass diese bereits die ersten Spuren eines brutalen Kampfes aufwies. Das Türblatt war zersplittert, mit kaputter Klinke hing es im verzogenen Rahmen. Dahinter präsentierte sich uns das absolute Chaos. Die Küche und das Wohnzimmer glichen einem Schlachtfeld: Zerbrochene Gläser, ein umgeworfenes Sofa, Essensreste und sehr viel Blut befanden sich auf dem Boden und an den Wänden. Die ganze Wohnung befand sich in einem verwahrlosten und ungepflegten

Zustand. Doch für mich war es bis dato nichts weiter als ein gewöhnlicher Tatort, den es zu reinigen galt.

Ich betrag das Badezimmer, dass im typischen 1980er-Jahre Stil gekachelt war. Was sogleich ins Auge stach, war nicht das grässliche Rosa der kleinteiligen Fließen, sondern eine zähe, dunkle Blutlache vor dem Waschbecken, die ungefähr einen halben Quadratmeter einnahm. Blut in der Badewanne, Blut an der Toilette und Blutspuren an den Wänden offenbarten deutlich, dass es hier richtig zur Sache ging und ein Mensch massive Verletzungen erlitten haben musste.

Im Gegensatz zu heute nahm man damals das Blut zunächst nicht mit einem Nasssauger auf. Ich kniete mich also hin und begann, mit mehreren Lappen das Blut vom Boden zu wischen. Als ich beherzt meine Arbeit fortsetzte, spürte ich plötzlichen einen stechenden Schmerz in meiner Hand, der meinen ganzen Körper wie ein Blitz durchfuhr.

Panikfilm im Kopfkino

Ich hatte mich beim Aufwischen an einer Glasscherbe geschnitten, die unentdeckt in der tiefen Blutlache lag. Vermutlich war hier ein Parfumflakon zu Bruch gegangen, der mir jetzt eine zehn Zentimeter lange Schnittwunde bescherte. Instinktiv streifte ich mir den Handschuh ab, um die Wunde zu begutachten. Doch in diesem Moment jagten mir wilde Gedanken durch den Kopf: »Scheiße, war das jetzt mein Blut oder das, das ich gerade weggewischt hatte? Ist das Blut eines Fremden in meinen Körper eingedrungen? Hatten die Personen etwa ansteckende Krankheiten?« Das Kopfkino begann sofort und gnadenlos abzulaufen – es fühlte sich an wie ein Faustschlag ins Gesicht. Ich verband die Wunde so gut es ging, und erledigte meinen Auftrag mechanisch, fast schon ferngesteuert.

Direkt im Anschluss fuhr ich ins nächstgelegene Krankenhaus und holte auf dem Weg dorthin weitere Informationen über die Mieter der Tatortwohnung ein. Wer waren diese Menschen? Hatten sie bekannte Krankheiten? Bestand die Möglichkeit, dass ich mich mit etwas Tödlichem infiziert hatte? Mehr, als dass sie sich im gleichen Krankenhaus befanden, das auch ich ansteuerte, war nicht in Erfahrung zu bringen. Mit dem Kopf voller schrecklicher Gedanken erklärte ich in der Notfallaufnahme, was passiert war und dass möglicherweise fremdes Blut in die Schnittwunde eingetreten war. Vorsichtig erkundigte ich mich über das eingelieferte Paar und dessen Geschichte. Doch Auskünfte über Patienten durften nicht herausgegeben werden. Immer verzweifelter versuchte ich, an Informationen zu gelangen. Eine Krankenschwester erklärte sich dann freundlicherweise bereit, mir außerhalb der Regularien Auskunft zu geben. Sie bestätigte meine schlimmsten Befürchtungen: Beide litten an Hepatitis C und waren HIV-positiv. Innerhalb des Bruchteiles einer Sekunde brach meine Welt zusammen – mein Kopf war vollkommen leer. Ohne mich weiter behandeln zu lassen, verließ ich das Krankenhaus und dachte: »Jetzt ist dein Leben zu Ende …«

Die bange Zeit des Wartens

Damals wusste ich noch nicht viel über AIDS. Lediglich die Plakate und Werbespots zur Prävention kamen mir in den Sinn oder die Storys von Prominenten, deren Krankheitsverlauf von den Medien ausgeschlachtet wurden. Sie lauteten stets: von gesund und schön zu abgemagert und krank. Alles, was ich vielleicht für wichtig hielt, war plötzlich nichtig. Ich sah mich schon irgendwo in einem Krankenzimmer sterben – diese Vorstellung war einfach nur schrecklich. Es kamen aber noch weitere Probleme auf mich zu: Sollte ich meiner Frau, die ich zu diesem Zeitpunkt noch nicht lange kannte, von dem Zwischenfall erzählen? Wie sollte es mit meinem Unternehmen in der Zukunft weitergehen? Ich stellte auf einmal alles in Frage. Die übermächtige Angst schnürte mir die Kehle zu. An diesem Tag, der mein Leben veränderte, habe ich mit niemandem mehr gesprochen, bin zurück ins Krankenhaus gefahren und habe die Wunde versorgen lassen.

Ein Arzt ordnete einen HIV-Test an, dessen Ergebnis ich erst nach zwölf schrecklich langen und quälenden Wochen erfahren sollte. Ein Zeitraum, in dem mir die Sekunden wie Stunden vorkamen. Ich zog mich in dieser Zeit zurück und wurde sehr nachdenklich. Jeden Tag drehte sich das Horror-Gedanken-Karussell von Neuem. Was passiert, wenn es sich bestätigt? Wie sollte es weitergehen, wenn ich tatsächlich HIV-positiv getestet wurde? Bis zu diesem Tag war ich glücklich gewesen, hatte ein erfülltes Leben, Freude an meiner Arbeit und ich hatte gerade diese großartige Frau kennengelernt. Jetzt dachte ich nur: »Es hat dich erwischt, jetzt hat dir das Schicksal nur noch ein paar Monate gegeben, jetzt ist der Zeitpunkt, wo du für deine Sünden bezahlen musst.«

Wahres Glück liegt im Augenblick

In den zwölf Wochen des bangen Wartens war ich nicht wirklich präsent. Ich beobachtete mein Leben mehr, als es zu leben. Ob im Unternehmen, wenn ich Zeit mit meiner Frau verbrachte oder Freunde traf, fühlte ich mich wie eine leere Hülle. Ich verspürte keinerlei Freude mehr, konnte mich für nichts mehr begeistern und hatte mein Leben mehr oder weniger bereits aufgegeben. Meine Gedanken und Ängste behielt ich für mich, was sich im Nachhinein als ein großer Fehler herausstellte, den ich heute nicht mehr begehen würde. Je näher Tag X rückte, desto mehr sehnte ich den Termin beim Arzt herbei, um endlich die Diagnose zu erhalten, die für mich eigentlich schon klar war. Doch tief in meinem Inneren war noch die Hoffnung, nicht infiziert zu sein, nicht qualvoll sterben zu müssen. An diesen Strohhalm klammerte ich mich.

Schließlich saß ich im Behandlungszimmer und bangte. Der Arzt war quasi der Scharfrichter, der über mein weiteres Leben entschied. Mit langsamen Schritten näherte er sich und ich konnte erkennen, dass sich auf seinem Gesicht ein leichtes Lächeln abzeichnete. Beide Tests, sowohl auf HIV als auch Hepatitis C, waren negativ. Ich war gesund! Dieser Moment veränderte meine Sicht auf das Leben komplett. Die Erinnerung daran begleitet mich täglich und führt mir immer wieder vor Augen, dass jeder Moment, den wir haben, ein Geschenk ist. Wir sollten ihn genießen. Durch diesen Arbeitsunfall an einem gewöhnlichen Tatort und nach Wochen der Verzweiflung wurde mir bewusst, dass tief empfundenes Glück durch ganz kleine Dinge ausgelöst werden kann.

Zuvor war meine Definition von Glück immer mit Materiellem gekoppelt – ein schönes Haus, ein schnelles Auto oder andere teure »Spielzeuge«. Heute denke ich ganz anders darüber, denn diese Dinge sind seitdem mit einem Schlag unwichtig geworden. Unsere Zeit ist uns geschenkt, und wir dürfen damit nicht verschwenderisch umgehen. Wie schnell ist ein Tag verloren, wie schnell fliegen die Monate oder Jahre vorbei, in denen wir uns in einer Gedankenwelt bewegen, die sich immer und immer wieder um die gleichen negativen Dinge dreht? Wir sollten zulassen, jeden Tag Glück zu empfinden, uns darauf einlassen, die kleinen Glücksmomente – ein warmer Sonnenstrahl am Morgen, ein gutes Essen, ein Gespräch mit einem wertvollen Menschen – bewusst zu genießen.

Was ist Glück?

Diese Masterfrage stellt sich die Menschheit schon seit Jahrtausenden. Glück ist nichts Greifbares, nichts, was wir anfassen können, und jeder empfindet Glück auf eine andere Art und Weise – doch mit Glück sind immer auch positive Gefühle verbunden. Es gibt das flüchtige Glück, das sich einstellt, wenn wir beispielsweise beschenkt werden oder eine Belohnung erhalten. Das Gefühl dauert allerdings nicht lange an und verlangt schnell nach mehr. Tiefes, dauerhaftes Glück ist vielmehr eine Einstellungssache.

Das richtige Glück ist unter anderem das Ergebnis des richtigen Tuns. So sagte bereits Aristoteles im 4. Jahrhundert vor Christus: »Glück ist die Folge einer Tätigkeit.«

Glücklichsein hängt nicht von materiellen Dingen ab, sondern von der subjektiven Glücksfähigkeit. Glück lässt sich nicht erzwingen. Wir können unserem Körper nicht befehlen, Glück zu empfinden, da dies über das Nervensystem gesteuert wird. Und dennoch können wir viel dazu beitragen, um glücklich zu werden.

Glück als Ergebnis des richtigen Tuns

Unser heutiges Wort Glück leitet sich vom mittelhochdeutschen Begriff »Gelücke« ab und bedeutet so viel wie Gelingen. Wenn etwas gelingt, geht dem voraus, dass etwas getan wurde und man sich eingesetzt hat. Im Glück steckt also immer ein Anteil Arbeit, bis hin zu Selbstüberwindung.

Das Sprichwort »Jeder ist seines Glückes Schmied« betont die Eigenverantwortung dafür, was man aus seinem Leben macht. Ein Schmied steht in seiner Schmiede und liegt nicht jammernd auf der Couch. Er ist aktiv, er tut etwas, und um sein Werk zu vollenden, braucht er Energie und Entschlossenheit. Er muss sich überwinden, denn in der Schmiede ist es heiß und ungemütlich. Er bearbeitet ein Werkstück mit einem bestimmten Ziel. Kein Schmied wird einfach an die Esse treten, einen glühenden Rohling herausnehmen und planlos loshämmern. Im Gegenteil, ein guter Schmied hat sich zuvor ein genaues Bild von dem angestrebten Ergebnis seiner Arbeit gemacht. Er hat entschieden, ob aus diesem Rohling ein Hufeisen, ein Nagel oder eine Bauklammer werden soll. Er weiß genau, wie groß, wie lang, wie schwer das Ergebnis sein soll. Nur so kann er sein Ziel erreichen.

Der Weg zu einem glücklichen Leben beginnt mit der Erkenntnis, das jeder einzigartig ist, mit seinen Stärken und Schwächen sowie seinen Grenzen. Glück hängt von unserer individuellen Wahrnehmung unserer inneren und äußeren Wirklichkeit ab. Wie wir diese bewerten, resultiert aus unseren persönlichen Erfahrungen, Interessen, Vorurteilen, Wertvorstellungen oder Glaubenssätzen. Für unser Glücksgefühl sind unsere Bewertungen maßgeblich.

Ist der Fokus dieser Bewertungen allerdings negativ, wird es schwer echtes Glück zu finden. Wer sich den ganzen Tag mit düsteren Gedanken umgibt, wird keine Freude, kein Glück verspüren können. Wer Erwartungen an andere hat, Neid verspürt oder vergleicht, wird niemals glücklich sein.

Im Kapitel »Handeln« ging es um Glaubenssätze und wie wir sie so umformulieren können, dass sie positiv wirken. Unsere Fähigkeit zur »Selbstliebe« hat maßgebliche Auswirkungen auf unser Glücksempfinden. An diesen Aspekten können wir auf ein positives Ziel hinarbeiten. Ich wünsche jedem, dass es ihm gelingt.

Wir besitzen die Fähigkeit, unsere innere Einstellung zu ändern und Umstände anzunehmen, die außerhalb unseres

Wirkungsfelds liegen. Auch spielt wieder Toleranz eine Rolle. Je mehr wir uns über Dinge aufregen, die wir nicht ändern können, desto mehr haben wir Bauchschmerzen, negative Gedanken und schaden uns selbst – und an der Sache ändert sich nichts.

Glücklicher durch Dankbarkeit

Dankbarkeit zu empfinden macht glücklich. Und es gibt so viele Dinge, für die wir dankbar sein sollten (siehe Kapitel »Beziehungen«). Wissenschaftliche Ergebnisse geben sieben Gründe an, warum Dankbarkeit so wichtig ist:

Dankbarkeit macht glücklich

Um den Zusammenhang zwischen Dankbarkeit und Glück zu verstehen, haben die Psychologen Robert Emmons und Michael McCullough Studien durchgeführt, in denen sie experimentell die Auswirkungen einer »dankbaren Einstellung« auf das psychische und physische Wohl untersucht haben. In den Studien fanden die Psychologen heraus, dass eine dankbarere, positivere und optimistischere Einschätzung des eigenen Lebens, zu mehr Motivation und sogar zu einer besseren Gesundheit führte. Die dankbarere Einstellung zum Leben machte sie nicht nur gesünder, sondern auch glücklicher.[21]

Dankbarkeit verbessert Beziehungen

Die Psychologie-Professorin Sara Algoe von der Universität von North Carolina untersuchte, wie sich Dankbarkeit in Beziehungen auswirkt. In diesem Experiment wurden Paare nach dem Zufallsprinzip ausgewählt und sollten zum Beispiel mittels eines Tagebuchs deutlich machen, wofür sie besonders dankbar sind. Dies führte unter anderem zu einer höheren tägliche Zufriedenheit in der Beziehung, einer höheren Anpassungsfähigkeit, mehr positiven Emotionen und weniger negative Emotionen sowie eine höhere Lebenszufriedenheit über den Tagebuchzeitraum.[22]

Dankbarkeit stärkt das Herz

Manche Studien zeigen sogar, dass durch eine dankbare Haltung das Risiko für einen Herzinfarkt sinkt. Bei den medizinischen Untersuchungen erhöhte sich die Herzfrequenzvariabilität, die Beschwerden von Patienten mit Herzinsuffizienz verringerten sich.[23]

Dankbarkeit hilft gegen Schlafstörungen

Das ist das Ergebnis von Studien um Alex M. Wood von der Universität von Manchester, einem weltweit renommierten Dankbarkeitsforscher. Sein Team konnte ermitteln, dass dankbare Personen besser und tiefer schlafen und auch leichter einschlafen. Kurz: Sie litten im Vergleich zu Kontrollgruppen weniger unter Schlafstörungen und waren insgesamt leistungsfähiger.[24]

Dankbarkeit senkt Stress

Dankbarkeit macht resistenter gegenüber Stress. Das konnten Untersuchungen von Martin Seligman und Tracy Stehen von der Universität von Pennsylvania nachweisen. Ihre – dankbaren – Probanden konnten den empfundenen Stress reduzieren und zeigten sich widerstandsfähiger gegenüber psychischen Erkrankungen.[25]

Dankbarkeit hilft gegen Depression

Dankbar zu sein, hat sogar enormen Einfluss in der Therapie von Depressionen und Angststörungen. Bei Studien von Forschern um Prathik Kini von der Universität von Indiana ließen sie Patienten dreimal pro Woche für 20 Minuten Dankesbriefe schreiben. Drei Monate später zeigte sich: Die Dankesschreiben hatten zahlreiche Gehirnregionen aktiviert. Je öfter und regelmäßiger die Probanden das Gefühl der Dankbarkeit verinnerlichten, desto nachhaltiger veränderte es ihr Gehirn und gab ihnen ein (neues) positives Lebensgefühl.[26]

Dankbarkeit schützt vor Versuchungen

Selbstbeherrschung beziehungsweise die Fähigkeit zum Gratifikationsverzicht gilt als starkes Indiz für langfristigen Erfolg im Leben. Die meisten Menschen ziehen allerdings die sofortige Belohnung vor: »Lieber den Spatz in der Hand als die Taube auf dem Dach …« Instant-Lust statt vernünftige Vorausschau. Laut Studien an der Northeastern Universität[27] wirkt Dankbarkeit jedoch wie ein Impfstoff gegen Versuchungen aller Art. Die dankbaren Probanden bewiesen mehr Geduld und waren bereit, auf Sofort-Belohnungen zu verzichten, was ihnen langfristig höhere Gewinne bescherte.

Wofür warst du heute dankbar? Denkst du etwa vor dem Einschlafen über diese Frage nach, klingt der Tag positiv aus und du kannst mit schönen Gedanken einschlafen.

Glücklicher durch Loslassen

Wer glücklich sein möchte, muss lernen loszulassen: von Schmerz, von Enttäuschung, von der Vergangenheit. Wer loslässt und »entrümpelt« schafft Raum für Neues. Viele Menschen tragen ihren übervollen Rucksack an Sorgen, Ängsten, Problemen, Frustrationen, Enttäuschungen, Schmerzen und Verletzungen ständig mit sich herum und gehen dabei immer weiter in die Knie.

Dieser emotional negativ überladene Rucksack bremst uns aus und zieht uns herunter. Er legt uns Steine in den Weg. Dabei streben wir alle in unserem Leben nach Glück. In der amerikanischen Unabhängigkeitserklärung ist dies sogar als Grundrecht verankert. Die Frage, was uns wirklich glücklich macht, bestimmt uns tagtäglich. Das langfristige Glück, also die große Lebenszufriedenheit ist individuell verschieden.

Glück in anderen Ländern

Werfen wir einmal einen Blick in andere Länder, um zu sehen, wo die Menschen besonders glücklich sind und warum. Ich spreche nicht von flüchtigen Glücksmomenten wie etwa eine Fußballweltmeisterschaft zu gewinnen, sondern davon, wie dauerhaft zufrieden die Menschen in diesem Land sind.

Jan Delhey, Glücksforscher und Professor für Soziologie an der Otto-von-Guericke-Universität in Magdeburg, hat folgende Formel für Glück entwickelt:

Haben + Lieben + Sein = Glück

Unter »Haben« ist das Materielle, zum Beispiel das Einkommen oder der Besitz zu definieren. Bei »Lieben« geht es um soziale

Beziehungen zur Familie, Freunden und dem Partner. Unter »Sein« versteht Delhey, seinem Leben einen Sinn zu geben, es aktiv zu gestalten und die Frage, welche Rückmeldungen man von seinem Umfeld erhält. Zusammen ergeben diese drei Faktoren das individuelle Zufriedenheitslevel.[28] Verfügt jemand über viele materielle Güter, ist aber einsam, wird er nicht glücklich sein. Auch ein Mensch, der eine großartige Familie hat, sich aber ständig sorgen um sein Einkommen macht, kann vielleicht nicht umfassend glücklich sein.

Je nachdem, in welcher Kultur man aufgewachsen ist, ist die Gewichtung der drei Aspekte unterschiedlich. Im asiatischen Raum, zum Beispiel in China, wird Glück nahezu gleichgesetzt mit Erfolg und Geldverdienen, in Europa und den USA hingegen seien die Pfeiler »Lieben« und »Sein« von größerer Bedeutung.

Um das Glück auf der Welt zu »messen«, veröffentlichen die Vereinten Nationen jedes Jahr den *World Happiness Report*. Er untersucht, in welchen Ländern die Menschen besonders glücklich sind. Natürlich stellt sich in diesem Zusammenhang die Frage, wie sich Glück messen lässt, da es sich doch eher um ein subjektives Empfinden handelt. Im *World Happiness Report* wird es unter anderem damit gemessen, wie groß die soziale Unterstützung beispielsweise bei der Integration, finanziell oder vom Staat, ist, die persönlichen Freiheiten, wie hoch Lebenserwartung, Pro-Kopf-Einkommen und Korruptionsniveau ist. Der Bericht aus dem Jahr 2021 berücksichtigt die emotionalen Reaktionen der Menschen auf die Corona-Pandemie ebenso, wie der Umgang der Regierungen mit der Krise und wie das Vertrauen in die Regierenden mit dem Glücksniveau zusammenhing.

Die Top 10 des Rankings blieb fast unverändert. Spitzenreiter sind wieder einmal die nordischen Länder wie Finnland,

Schweden und Island. Schlusslicht waren Simbabwe, Tansania, Jordanien und Indien. Im vierten Jahr in Folge wurde 2021 Finnland zum glücklichsten Land der Welt gekürt.[29]

Warum sind die Finnen im Vergleich zu anderen Bürgern besonders glücklich? Der Fakt, dass Finnland ein hohes Einkommen hat, das Bildungssystem auf Topniveau ist und die Alltagskultur mit entspannenden Aktivitäten wie Saunagängen und Wanderungen in der Natur ausgeprägt ist, spielt dabei eine große Rolle. Im Jahr 2021 war auch das Vertrauen in die Regierung ein ausschlaggebender Punkt. Nicht nur die persönlichen Lebensumstände und Einstellungen, sondern auch die gesellschaftlichen Bedingungen tragen zur langfristigen Zufriedenheit bei. Deutschland schaffte es 2021 immerhin auf einen soliden siebten Platz.

In Finnland wie mittlerweile in nahezu allen Ländern weltweit spielt Social Media eine große Rolle. Das bringt uns direkt zur nächsten Frage: »Beeinflusst Social Media unser Glück?«

Glück und Social Media

Social Media sind aus unserem Alltag nicht mehr wegzudenken. Über die Jahre hat die Nutzung von Instagram und ähnlichen Plattformen einen immer höheren Stellenwert erlangt. Laut der neuesten Digital-Zahlen von Hootsuite und We Are Social[30] nutzen in Deutschland 66 Millionen Menschen Social Media. Die Gründe, warum wir Social Media nutzen, sind vielfältig. Meistens stehen Unterhaltung und soziale Kontakte im Vordergrund. Doch inwieweit beeinflusst die intensive Nutzung von Social Media unser Glück?

Eine Befragung der Royal Society for Public Health in Zusammenarbeit mit der gemeinnützigen Organisation

Young Health Movement in England ergab, dass sie nicht glücklich machen[31]. Hierzu wurden 1 500 Probanden befragt. Laut der Ergebnisse löst Instagram am stärksten negative Gefühle aus, denn den Nutzern werde ein falsches Körperbild vermittelt und ein überzogener Lifestyle nahegelegt, der Missgunst erzeuge. Gerade junge Menschen strebten dieses Idealbild an und würden dadurch unglücklich. Positiv in der Befragung hingegen schnitt YouTube ab, denn es scheint die einzige Plattform zu sein, die sich nicht negativ auf das psychische Empfinden auswirkt. Forschern zufolge trägt YouTube hauptsächlich zur Wissenserweiterung und Bewusstseinsbildung bei jungen Leuten bei. Möglicherweise ist der Grund dafür, dass sich die Jugendlichen dort weniger mit Gleichaltrigen oder Personen aus ihrem persönlichen Umfeld vergleichen, sondern sich mit Inhalten, die ihren Interessen entsprechen, beschäftigen.

Du solltest dir, gerade beim Betrachten perfekt inszenierter Bilder immer bewusst machen, dass ein glückliches und erfülltes Leben auch in der Realität möglich ist, aber der Weg dahin nichts damit zu tun hat, welche Kleidung du trägst oder wie viele Follower du hast. Echtes Glück hängt vielmehr damit zusammen, dass du akzeptierst, dass die Dinge nie so perfekt sind, wie sie in Social Media dargestellt werden. Schreibe deine eigene Glücksgeschichte, die vielleicht nicht so perfekt ist, aber dafür echt.

Warum bin ich unglücklich?

»Ich bin unglücklich.« Obwohl es uns gut geht, ertragen viele Menschen ihr Leben nur, anstatt glücklich zu sein. Es scheint, sie hätten keine Lebensfreude, sondern sind ohne Grund mit allem unzufrieden.

Es gibt unterschiedliche Gründe, um unglücklich zu sein:

Grund 1: Routine
Du erfüllst jeden Tag deine Pflichten, hakst deine To-do-Liste ab und bist gefangen in Routinen. Die Monate und letztlich Jahre ziehen ins Land und du hast vergessen zu leben.
Natürlich gibt es gewisse Dinge, die wir erledigen müssen, aber vergiss darüber hinaus nicht zu leben. Vielleicht holt dich ein neues Abenteuer aus dem Hamsterrad heraus?

Grund 2: Dein Job
Den Großteil des Tages verbringst auch du mit deinem Job. Zu den regulären acht Stunden Arbeitszeit kommen noch die Mittagspause und Hin- sowie Rückfahrt dazu. So kommen wir auf zehn Stunden am Tag oder mehr, die wir mit Arbeit verbringen. Gehst du einer Tätigkeit nach, die dich nicht erfüllt, ist es nur logisch, dass du auf Dauer unglücklich wirst. Selbstverständlich kann nicht jeder Tag nur Spaß machen, aber du solltest einen Sinn in dem sehen, was du tust. Wir brauchen das Gefühl, dass unsere Arbeit unseren Stärken entspricht und uns herausfordert.

Grund 3: Kurzfristig und dauerhaft
Viele Menschen sind unglücklich, weil sie kurzfristig gute Gefühle mit langfristiger Zufriedenheit verwechseln. Sie suchen nach dem schnellen Glück in Form von Shopping, Sex oder Party machen. All das fühlt sich für kurze Zeit sehr gut an, aber das Gefühl verfliegt auch schnell wieder. Statt dem flüchtigen Glück nachzujagen, lautet die Frage: Was gibt deinem Leben langfristig einen Sinn?

Grund 4: Grundlos unglücklich

Bist du unglücklich, obwohl es gar keinen Grund dafür gibt, dann wird es Zeit für eine neue Herausforderung. Vielleicht liegt genau darin dein Unglück, dass alles scheinbar gut läuft. Wir brauchen von Zeit zu Zeit Herausforderungen und wollen Probleme lösen, um uns zu zeigen, dass wir es schaffen. Wir müssen wachsen können, um glücklich zu sein.

Grund 5: Beziehungsstress

Eine unerfüllte Beziehung kann uns sehr unglücklich machen. Wie schon im Kapitel »Beziehungen« beschrieben, ist ein toxischer Partner häufig der Grund, unglücklich zu sein. Ohne Aussicht darauf, dass die Beziehung wieder besser laufen wird, sollte man sie vielleicht beenden.

Grund 6: Vergangenheit

Unsere Erfahrungen, die wir in der Vergangenheit gemacht haben, tragen maßgeblich dazu bei, wer wir heute sind. Es kann aber unglücklich machen, ständig in der Vergangenheit zu leben und zum Beispiel falsche Entscheidungen immer wieder aufs Neue zu bereuen oder sich einzureden, dass früher alles besser war. Egal, was in der Vergangenheit geschehen ist, du kannst es nicht rückgängig machen. Lerne loszulassen und positiv nach vorne zu blicken.

Grund 7: Vergleiche

Hast du auch manchmal das Gefühl, dass das Gras auf der anderen Seite viel grüner ist? Vergleichst du dich mit der Kollegin, die bei den Chefs scheinbar beliebter ist? Der Vergleich mit anderen führt dazu, dass wir uns unglücklich fühlen. Doch Vergleiche funktionieren nicht, denn jeder von uns ist einzigartig. Versuchst du, deine Leistung, deine Erfolge und dein Aussehen mit anderen zu vergleichen, wirst du in den meisten Fällen scheitern. Mache dir bewusst, dass du ein Unikat bist. Zudem führt das ständige Vergleichen dazu, dass du immer Perfektion anstrebst und sie doch nicht erreichen kannst.

Grund 8: Ungesunde Lebensweise

Tiefkühlpizza und Schokoriegel auf der Couch? Das mag dich vielleicht kurzfristig glücklich machen, aber langfristig schadet es dir. Fühlst du dich nicht wohl in deiner Haut, so kann das auch ein Faktor dafür sein, dass du unglücklich bist. Gesunde Ernährung und regelmäßige Bewegung sind Stresskiller und helfen sogar gegen Depressionen. Auch ausreichend Schlaf ist wichtig, um glücklich zu sein. Du wirst dich besser konzentrieren können und deine Impulse und Emotionen im Griff haben, wenn du ausreichend schläfst.

Grund 9: Jammern

Der Partner hat schon wieder das Licht angelassen. Warum macht der Kollege eigentlich nie die Kaffeemaschine sauber? Der Nachtbar lässt die Mülltonne immer bis abends draußen stehen. Wir sind Weltmeister im Jammern und Meckern. Ob es nun das Wetter oder andere Menschen sind, immer ist irgendetwas negativ. Wenn du dich ständig nur auf negative Dinge konzentrierst, kannst du nicht glücklich sein. Konzentriere dich hin und wieder auf die positiven Seiten des Lebens und entdecke das Glück im Alltäglichen.

Grund 10: Ändere die Umstände

Glaubst du, dass du sowieso nichts ändern kannst, dann ist es kein Wunder, dass du unglücklich bist. Ich habe oftmals beobachtet, dass Menschen, die glauben, sie hätten keine Kontrolle über ihr Leben, depressiver sind als diejenigen, die ihr Leben in die eigene Hand nehmen. Niemand kann etwas ändern außer du selbst.

Dein Glück hängt nicht von anderen Menschen ab. Niemand auf der Welt – weder dein Partner noch deine Familie, deine Kollegen oder Freunde – haben die Aufgabe, dich glücklich zu machen. Es liegt einzig und allein an dir, glücklich zu sein.

Neid

Einen Punkt, der im Wesentlichen immer wieder dazu beiträgt, dass wir unglücklich sind, ist der Neid. Bist du neidisch, machst du das Glück anderer zu deinem Unglück. Der Neid hat seinen Ursprung im Vergleich (s. oben). Was hat der andere, was wir selbst gern hätten? Oftmals sind wir ausgerechnet auf unsere Freunde oder Bekannten neidisch. Nach Antonio Cabrales vom University College in London ist aus evolutionärer Sicht Neid das Ergebnis eines Wettstreits um begrenzte Ressourcen[32]. Unseren Vorfahren ging es nicht darum, besonders viel zu besitzen, sondern eben nur mehr als die anderen zu haben, um das Überleben zu sichern, einen höheren Satus innerhalb der Gruppe und damit bessere Chancen zu bekommen, sich fortpflanzen zu können.

Selbst banale Dinge können Neid auslösen – vielleicht duftet das Mittagessen deiner Kollegin besser als das eigene. Aus wissenschaftlicher Perspektive ist Neid auch eine spontane Reaktion auf Unterlegenheit. Zugeben, dass wir neidisch sind, würden wir natürlich niemals. Manchmal löst es sogar Scham aus, jemanden zu beneiden, der Neid kann uns zerfressen und dafür sorgen, dass wir jeden Tag unglücklich sind.

Sogar Morde wurden schon aus Neid begangen und zudem führt er zu Sabotagen, Intrigen und zerstört Partnerschaften und Familien. Neid schadet uns selbst und den Menschen in unserem Umfeld. Es kann sogar körperliche Auswirkungen haben, wenn wir ständig neidisch sind.

Um dieses negative Gefühl in den Griff zu bekommen, müssen wir lernen, gönnen zu können und uns von der krankhaften Angewohnheit, Vergleiche zu ziehen, lösen. Der erste Schritt ist, sich einzugestehen, dass man neidisch ist, und zu hinterfragen, warum. Oftmals steckt das Gefühl dahinter, dass wir erst glücklich sind, wenn wir den Pool im Garten haben, die Beförderung bekommen oder den schicken Sportwagen fahren? In solchen Momenten ist es sinnvoll, einmal kurz innezuhalten und auf das zu blicken, was wir bereits haben.

Siebtes Prinzip: Finde deinen eigenen Weg zum Glück

Jeder findet Glück in etwas anderem. Eine großartige Beziehung zu haben und mit seinem Job zufrieden zu sein, kann zum Glück beitragen. Aber diese Dinge sind auf keinen Fall die absolute Grundvoraussetzung für langfristiges Lebensglück.

Laut einer Umfrage[33] sind folgende Faktoren entscheidend, um glücklich zu sein:

- Gesundheit,
- eine gute Partnerschaft,
- eine intakte Familie,
- ausreichend Geld,
- ein schönes Zuhause,
- Spaß und Freude im Leben,
- Freunde,
- Freiheit,
- Kinder,
- ein guter Job.

Auf die Frage, was Glück bedeutet, antworteten die meisten Untersuchungsteilnehmer mit folgenden Themen:[34]

- Gesundheit,
- ein intaktes Elternhaus,
- Freude über die kleinen Dinge des Lebens,
- der Arbeitsplatz,
- Freude über Erfolg/Leistung,
- Zeit für eigene Interessen,
- keine Geldsorgen.

Anhand dieser Ergebnisse können dir folgende Tipps helfen, glücklicher zu werden:

Tipp 1

Sport. Diesen Tipp hast du von mir jetzt schon an einigen Stellen gelesen. Aus eigener Erfahrung kann ich es aber nicht oft genug sagen: Sport macht glücklich. Er trägt nicht nur allgemein zu einer verbesserten Gesundheit bei, sondern bei körperlicher Bewegung schüttet der Körper auch Glückshormone wie Serotonin und Dopamin aus. Sport kann aus verschiedenen Gründen glücklich machen: Vielleicht triffst du dich mit Gleichgesinnten und ihr habt eine gute Zeit, vielleicht macht es dich glücklich, auf einen Wettkampf zu trainieren und dein Können zu beweisen oder du genießt es zum Beispiel beim Laufen in der Natur, für dich zu sein.

Tipp 2

Ernährung. Neben Bewegung ist auch die Ernährung maßgeblich für eine gute Gesundheit. Nahrung und das Essverhalten haben einen großen Einfluss auf unser seelisches Wohlbefinden. Bestimmte Lebensmittel können sich positiv auf unser Glücksempfinden auswirken und auch die Art, wie wir essen, kann uns glücklicher machen. Vollkornnudeln, Bananen, Nüsse, Trockenfrüchte und Fisch können unsere Stimmung positiv beeinflussen, ebenso wie natürlich Schokolade. Sich ständig alles zu verbieten und eine »Dauerdiät« zu machen, kann frustrieren, deshalb kannst du dir ab und zu auch etwas Leckeres gönnen – jedoch natürlich in Maßen, nicht in Massen. Eine Mahlzeit ist mehr als nur das Stillen von Hunger. Es ist Genuss, Zusammenkommen mit der Familie und Freunden und sich austauschen. Selbst das Herausputzen für einen Besuch in einem schicken Restaurant gehört vielleicht dazu. Achte also nicht nur darauf, was du isst, sondern auch, wie du isst.

Tipp 3

Schlaf. Wenn wir bedenken, dass wir im Durschnitt mehrere Tausend Stunden unseres Lebens mit Schlafen verbringen, wird deutlich, wie wichtig dieser Aspekt ist. Gesunder Schlaf ist ein starker Glücksfaktor und dafür verantwortlich, dass wir uns gut fühlen. In der Regel benötigen Erwachsene zwischen sechs und acht Stunden Schlaf. Hör auf deinen Körper: Welche Schlafmenge ist für dich richtig? Wenn du Probleme beim Einschlafen hast, dann entwickle eine Abendroutine, die dir hilft herunterzufahren. Lege zum Beispiel alle technischen Geräte (Handy, Fernseher, Laptop) eine Stunde vor dem Schlafengehen beiseite. Lies stattdessen ein Buch, meditiere oder höre Musik. Es kann auch helfen, wenn du dir abends noch einmal durch den Kopf gehen lässt, was an diesem Tag besonders gut war und was nicht und das zu Papier bringst.

Tipp 4

(Körper-)Haltung bewahren. Unser Körper ist unmittelbar mit unseren Gefühlen verbunden. Wir können also mit der richtigen Körperhaltung unsere Gefühle positiv beeinflussen. Das Ganze nennt sich auch Biofeedback. Geht es dir gut, dann wirst du eine offene Körperhaltung haben, bist du dagegen in schlechter Stimmung, so sieht man es auch deinem Körper an. Deine Haltung ist eher gebeugt, die Schultern sind nach vorn gezogen und du wirkst verspannt. Richte dich im Laufe des Tages immer mal wieder bewusst auf und strecke dich nach. Wenn du deine Arme nach oben reißt, als hättest du etwas gewonnen, dann wird alleine diese Bewegung schon dazu beitragen, dass dein Körper Glückshormone ausschüttet.

Tipp 5

Lachen. Eigentlich ist dir momentan gar nicht nach Lachen zumute? Mach es trotzdem, denn selbst wenn das Lachen nicht echt ist, macht es dich glücklich. In dem Moment, in dem deine Mundwinkel nach oben wandern, fühlst du dich automatisch besser. Beobachtest du glückliche Menschen, so wirst du feststellen, dass diese lächeln und das Gleiche gilt auch umgekehrt: Menschen, die lächeln, sind glücklich. Sobald du anfängst zu lächeln, sendet dein Körper Signale an dein Gehirn, das daraufhin Hormone wie Serotonin, Dopamin und Noradrenalin ausschüttet.

Tipp 6

Positive Einstellung. Oft sind es die kleinen Dinge, die uns glücklich machen. Eine nette Nachricht, ein Dankeschön oder gutes Wetter und klare Luft. Doch allzu oft vergessen wir, uns das bewusst zu machen. Glückliche Menschen konzentrieren sich besonders auf diese positiven Dinge im Alltag – auch wenn es Kleinigkeiten sind. Versuche innezuhalten: Was genau jetzt ist in diesem Augenblick in deinem Leben schön? Zu besserer Laune trägt auch ein »Positivtagebuch« bei. Notiere jeden Abend oder zwischendurch, was dich gerade glücklich macht. Bei trüber Stimmung kannst du diese Dinge bei Bedarf nachlesen. Versuche, deine innere Einstellung positiv auszurichten. Nur weil du einmal Pech hattest, heißt das nicht, dass du dein ganzes Leben lang Pech haben wirst. Nutze die Macht der Gedanken und richte sie auf das Gute in deinem Leben.

Tipp 7

Kurzurlaub. Unruhe und Stress führen häufig dazu, dass wir nicht glücklich sind. Besonders glückliche Momente hast du wahrscheinlich dann erlebt, wenn du im Urlaub warst oder in der Natur Kraft tanken konntest. Eigentlich hast du jede Woche die Chance auf einen »Kurzurlaub«. Nutze einen freien Tag voll aus, um abzuschalten. Wenn du es schaffst, deine Erledigungen und Pflichten alle bereits unter der Woche zu tätigen, dann hast du das Wochenende ganz für dich – ob für einen Kurztrip in eine andere Stadt, ein ausgiebiges Treffen mit Freunden oder um einfach einmal nichts zu tun.

Tipp 8

Positives Umfeld. Mit Sicherheit hast auch du den ein oder anderen negativen Menschen in deinem Umfeld. Der, der immer alles schwarzsieht, über alles und jeden lästert und dessen Lieblingssätze mit »Ja, aber« anfangen. Wahrscheinlich fühlst du dich nach Gesprächen mit solchen Menschen ausgelaugt und hast selbst schlechte Laune bekommen. Versuche so oft es geht, diese »Energiefresser« zu meiden. Deine Umgebung formt dich maßgeblich und es heißt nicht umsonst: »Zeig mir deine Freunde und ich sag dir, wer du bist.« Manchmal ist es hilfreich, sich aufzuschreiben, welche Menschen dir besonders guttun und welche nicht. Versuche möglichst viel Zeit mit denen zu verbringen, die sich positiv auf dich auswirken.

Tipp 9

Entspannung und Meditation. Entspannung ist wichtig, um negative Gedanken, Stress und schlechte Gefühle loszuwerden. Kleine Entspannungspausen im Alltag helfen, positiv zu bleiben.

Meditation kann dabei helfen. Natürlich wird nicht nach der ersten Meditationsübung alles gut, sondern es braucht Zeit und du musst dich darauf einlassen.

Tipp 10

Vergebung und Hilfsbereitschaft. Solange du auf jemanden sauer bist, wirst du es nicht schaffen, glücklich zu sein. Kreisen deine Gedanken ständig darum, wie dich ein anderer Mensch verletzt hat, dann findest du keine innere Ruhe. Lerne zu vergeben und loszulassen. Vielleicht wirst du dich danach freier fühlen.

Die Zeit, die du mit grübeln verbringen würdest, kannst du nun nutzen, um anderen zu helfen. Es macht uns glücklich, anderen Menschen zu helfen. Das Wertvollste, was du schenken kannst, ist deine Zeit. Die ist das Einzige, was wir nicht mit Geld kaufen können. Widme deine Zeit anderen, übernimm zum Beispiel eine ehrenamtliche Tätigkeit oder reserviere dir Zeit für deine Familie und Freunde.

Du kannst nicht sofort alle Tipps in die Tat umsetzen. Wichtig ist allerdings, dass du damit anfängst. Glück liegt nicht in der Zukunft, sondern beginnt genau jetzt. Willst du glücklich sein, musst du heute etwas dafür tun. Sorge dafür, dass es dir gut geht, gestalte dein Leben so, dass es dir gefällt und du zufrieden bist.

Glück ist kein endgültiges Ziel, es ist kein dauerhafter Zustand, der eintritt, sobald du etwas Bestimmtes erreicht hast. Du bist nicht automatisch glücklich, wenn du einen Partner gefunden hast, befördert wirst, in Rente gehst oder dein Wunschgewicht erreicht hast. Kurzzeitig mag dir das Glücksgefühle bescheren, aber du wirst dich auch schnell daran gewöhnen, dass es jetzt so ist. Langanhaltendes Glück bedeutet »Arbeit«. Es entsteht, wenn du dich täglich darauf konzentrierst, was dich glücklich macht. Das Glück kommt von selbst, wenn du ein sinnvolles, engagiertes Leben führst.

Das Glück liegt im Augenblick

Wenn ich etwas in meinem Leben gelernt habe, dann, dass das Glück im Augenblick liegt. Wir alle hetzen durch unser Leben und haben keine Zeit, um das Hier und Jetzt zu genießen. Aus diesem Grund mache ich mir immer wieder bewusst, wie sich die Sonnenstrahlen am Morgen anfühlen, wie ein gutes Essen schmeckt, wie sich das Lachen meiner Kinder anhört. Diese bewussten Momente, in denen ich ganz im Jetzt bin, sorgen dafür, dass ich glücklich bin.

Anmerkungen

1 Peseschkian, Nossrat; Boessmann, Udo: Angst und Depression im Alltag, Fischer Taschenbuchverlag, 8. Auflage März 2015, S. 12.
2 Bernhardt, Klaus: Panikattacken und andere Angststörungen loswerden, Ariston Verlag Random House GmbH, 3. Auflage 2016, S. 43ff.
3 Ebd.
4 https://www.schmerzgesellschaft.de/patienteninformationen/herausforderung-schmerz/chronische-schmerzen (Letztes Abrufdatum 21. Juli 2021)
5 Ebd.
6 Schulz, Günther; Reber, Roger: Der Schmerz in mir, werdewelt Verlags- und Medienhaus GmbH, 2. Auflage 2020, S. 14: zitiert aus: Eisenberger, Naomi: Current Directions in Psychological Science. In Association for Psychological Science. Washington, D.C. 2012.
7 https://www.pnas.org/content/108/15/6270 (Letztes Abrufdatum 21. Juli 2021)
8 https://www.psychotherapeutenkammer-berlin.de/system/files/89_seele_aus_der_balance.pdf (Letztes Abrufdatum 21. Juli 2021)
9 https://www.schmerzgesellschaft.de/patienteninformationen/herausforderung-schmerz/chronische-schmerzen (Letztes Abrufdatum 21. Juli 2021)
10 Ebd.
11 https://de.statista.com/statistik/daten/studie/810933/umfrage/kindersterblichkeit-in-den-eu-laendern/ (Letztes Abrufdatum 21. Juli 2021)
12 Schulz, Günther; Reber, Roger: Der Schmerz in mir, werdewelt Verlags- und Medienhaus GmbH, 2. Auflage 2020, S. 15.
13 Ebd., S. 16.
14 https://www.mymoria.de/magazin/gedenken-rund-um-den-globus-trauerrituale-in-anderen-laendern/ (Letztes Abrufdatum 21. Juli 2021)
15 https://pubmed.ncbi.nlm.nih.gov/25599450/ (Letztes Abrufdatum 21. Juli 2021)
16 https://www.buendnis-gegen-cybermobbing.de/fileadmin/pdf/studien/Factsheet_Cybermobbing-Studie_2020.pdf (Letztes Abrufdatum 21. Juli 2021)

17 Kast, Verena: Trauern Phasen und Chancen des psychischen Prozesses, Kreuz Verlag, 2013, S. 69-81.
18 Ackermann, Susanne: Hilft körperlicher Schmerz gegen seelischen Schmerz – siehe: https://www.psychologie-heute.de/gesundheit/artikel-detailansicht/40314-hilft-koerperlicher-schmerz-gegen-seelischen-schmerz.html (Letztes Abrufdatum 21. Juli 2021)
19 Schulz, Benjamin: Das große Personal Branding Handbuch, Campus Verlag, 1. Auflage 2020, S. 126.
20 https://www.businessinsider.de/karriere/arbeitsleben/7-tipps-um-mental-stark-zu-werden-von-einem-navy-seal-trainer-2017-5/ (Letztes Abrufdatum 21. Juli 2021)
21 https://www.researchgate.net/publication/10900879_Counting_Blessings_Versus_Burdens_An_Experimental_Investigation_of_Gratitude_and_Subjective_Well-Being_in_Daily_Life (Letztes Aufrufdatum 02. August 2021).
22 https://www.sciencedaily.com/releases/2016/02/160222144546.htm (Letztes Abrufdatum 21. Juli 2021)
23 https://pubmed.ncbi.nlm.nih.gov/26203459/ (Letztes Abrufdatum 21. Juli 2021)
24 https://pubmed.ncbi.nlm.nih.gov/19073292/ (Letztes Abrufdatum 21. Juli 2021)
25 https://www.researchgate.net/publication/7701091_Positive_Psychology_Progress_Empirical_Validation_of_Interventions (Letztes Abrufdatum 21. Juli 2021)
26 https://pubmed.ncbi.nlm.nih.gov/26746580/ (Letztes Abrufdatum 21. Juli 2021)
27 https://psycnet.apa.org/record/2003-02181-021 (Letztes Abrufdatum 21. Juli 2021)
28 https://www.ovgu.de/Universit%C3%A4t/Im+Portrait/Profilierungsschwerpunkte/Forschung+_+Transfer/Auf+der+Suche+nach+dem+Gl%C3%BCck.html (Letztes Aufrufdatum 02.08.2021)
29 https://worldhappiness.report/ed/2021/ (Letztes Abrufdatum 21. Juli 2021)
30 https://wearesocial.com/blog/2021/01/digital-2021-the-latest-insights-into-the-state-of-digital (Letztes Abrufdatum 21. Juli 2021)
31 https://www.rsph.org.uk/about-us/news/instagram-ranked-worst-for-young-people-s-mental-health.html (Letztes Abrufdatum 21. Juli 2021)

32 https://link.springer.com/article/10.1007%2Fs13209-010-0028-1 (Letztes Abrufdatum 21. Juli 2021)
33 https://de.statista.com/statistik/daten/studie/985126/umfrage/umfrage-zu-den-wichtigsten-aspekten-fuer-das-persoenliche-glueck/ (Letztes Abrufdatum 21. Juli 2021)
34 https://de.statista.com/statistik/daten/studie/827/umfrage/faktoren-fuer-glueck/ (Letztes Abrufdatum 21. Juli 2021)

Über den Autor

Marcell Engel ist Tatortreiniger und Unternehmer aus Leidenschaft. Mit seinem Unternehmen AKUT SOS CLEAN bietet er zahlreiche Dienstleistungen im Bereich der Hygiene, Desinfektion und Schädlingsbekämpfung an. In seiner über 25-jährigen Tätigkeit wurde er mit vielen tragischen Schicksalen konfrontiert. Sein erstes Buch *Die 7 Prinzipien des Tatortreinigers* erzählt von Tatorten, die seine Sicht auf das Leben nachhaltig verändert haben. Marcell Engel lebt im Taunus.

160 Seiten
16,99 € (D) | 17,50 € (A)
ISBN 978-3-7423-1361-4

Schweitzer, Janine

Eine Frau räumt auf

Meine spektakulärsten Fälle als Tatortreinigerin und Messie-Entrümplerin

»Um Himmels willen, wie sieht es denn hier aus?!« – eine Frage, die Janine Schweitzer niemals stellt. Sie ist Schädlingsbekämpferin, Messie-Entrümplerin und Tatortreinigerin. In ihrem Berufsleben hilft sie Menschen, die im eigenen Chaos versinken und erlebt dabei allerhand spannende Fälle. Ein gut aussehender Akademiker schläft zu Hause in einem Müllberg und uriniert in Pfandflaschen, eine perfektionistische Teamleiterin kauft ihre Kleidung neu statt sie zu waschen, ein Fahrzeugüberführer hortet Zehntausende Pornos, bis seine Freundin Alarm schlägt. Janine Schweitzer erzählt von allen Facetten ihres Berufs und gewährt uns einen packenden Blick hinter die Kulissen unserer Gesellschaft.

riva